엄마학교

달콤한 육아, 편안한 교육, 행복한 삶을 배우는
엄마학교

초판 1쇄 2006년 9월 15일
초판 52쇄 2020년 12월 4일

지은이 | 서형숙
편 집 | 이세은
마케팅 | 강백산, 강지연
디자인 | 이석운
펴낸이 | 이재일
펴낸곳 | 토토북 04034 서울시 마포구 양화로11길 18 3층 (서교동, 원오빌딩)
전화 02-332-6255 | 팩스 02-332-6286
홈페이지 www.keunsol.com | 전자우편 totobooks@hanmail.net
출판등록 2002년 5월 30일 제 10-2394호
ISBN 89-90611-29-6 03370

ⓒ 서형숙 2006
이 책은 저작권법에 의해 보호를 받는 저작물이므로 무단 전재 및 무단 복제를 금합니다.
잘못된 책은 바꾸어 드립니다.

달콤한 육아, 편안한 교육, 행복한 삶을 배우는

서형숙 지음

큰솔
www.keunsol.com

추천의 글

아이를 아이답게 키워 내는 것이 최고의 교육이다

　내가 이 책의 저자인 서형숙 선생을 알게 된 것은 구정고등학교 교장으로 있을 때다. 그 당시 서형숙 선생의 큰 딸인 태경이는 우리 학교 학생이었다. 태경이는 학업 성적이 뛰어나면서도 모든 학교생활에 적극적인 학생이었다. 하루는 태경이가 방과 후에 입시와는 상관도 없는 일어 공부를 하고 있는 모습을 보게 되었다. 대입 준비에 총력을 기울이는 다른 학생들과는 너무도 다른 모습이라 의아해 했었다. 나중에 안 일이지만 김대중 대통령과 오부치 총리가 합의한 한일 교류 프로그램인 한일 유스포럼에 참가하기 위해 일어 공부를 하고 있었던 것이다. 그리고 태경이는 남들 입시 준비에 한창일 예비 고3에 유유히 20여 일이 넘는 기간 동안 타이에서 열린 세게 잼버리 대회에 다녀왔다. 원하는 대학에 성적우수자로 입학한 것은 물론이다.

동생 홍원이 역시 멋진 학생이다. 초·중·고 학생회장을 할 만큼 친구들의 전폭적인 지지를 받은 리더십의 소유자다. 전교 회장으로서 해야 할 일을 다 해내면서도 최고의 성적을 내었다. 대학도 누나처럼 성적우수자로 입학했다.

나는 이 두 남매를 알게 되면서 교육자로서 상쾌한 충격을 받았다. '입시가 인생의 전부가 아닌 학생을 만난 기쁨' 과 '입시가 아이 인생의 전부가 아니라고 생각한 학부모' 를 만난 기쁨 때문이었다.

그 후로 나는 서형숙 선생과 친해졌다. 친해지고 보니 서형숙 선생은 쌓아 놓은 삶의 지혜가 넘치는 최고의 엄마이자, 최고의 숨은 교육자였다. 아니, 최고의 삶을 살 줄 아는 멋진 사람이었다. 교육 전문가로 활동하는 내 자신이 늘 서형숙 선생과 뜻 나누기를 즐기게 되었고, 그의 열렬한 지원자가 되었다.

서형숙 선생은 아이를 아이답게 키워 낸 분이다. 심신이 건강하게 잘 크는 것만으로 만족했고, 그 이상은 욕심내지 않았다. 바로 이것이 서형숙 선생의 교육 비결이다. 이렇게 했기 때문에 감성과 지성,

글로벌 리더십을 갖춘, 이 시대가 필요로 하는 인재가 만들어진 것이다. 물론 서형숙 선생은 '두 남매를 만들었다'는 내 표현에 반대할 것이다. 서형숙 선생은 자신이 아이를 만든 것이 아니라 자연과 세상의 어른이 자신의 아이를 키워 준 것이라 한다. 단지, 엄마로서 한 일은 함박웃음으로 두 팔 벌려 환하게 아이들을 맞아 준 것, 남을 해코지하는 일이 아니라면 어떤 일도 다 하게 해 준 것, 아이가 스스로 해낼 수 있을 때까지 기다려 준 것, 아이를 원 없이 놀게 해 준 것뿐이라 한다.

맞다. 엄마는 이렇게 아이를 키우면 된다. 그러면 아이는 자연히 무슨 일에나 흥미를 갖게 되고 활력과 창의력이 넘치는 아이로 자라게 된다. 여기에 아이가 힘들어하거나, 새로운 것을 추구하려는 순간에 엄마는 도와주고 지켜봐 주면 된다.

이렇게 하려면 엄마가 영리해져야 한다. 멀리서 지켜보고, 아이가 필요로 하는 순간에 다가갈 수 있어야 한다. 섣불리 억지로 아이를 끌고 가다간 시쳇말로 죽도 밥도 안 된다.

현재 대학 강단에서, 서울시 교육청과 교육부에서 주요 교육정책을 다루고 있는 사람으로서 내가 내린 결론은 우리나라 교육을 살리는 길은 학부모 운동밖에 없다는 것이다. 그래서 서형숙 선생에게 내가 늘 부탁한 말이 있었다. 육아와 교육에 지친 젊은 엄마들에게, 이 땅의 미래 인재를 키워 낼 젊은 엄마들에게 아이 키우는 비결을 들려 달라고 말이다.

이제야 나의 바람이 이루어졌다. '엄마학교'를 통해 서형숙 선생은 젊은 엄마들에게 아이를 일찍부터 입시 경쟁으로 내몰지 않으면서도 이 땅의 행복한 인재로 키울 수 있는 방법을 들려줄 것이다.

참된 아이 교육에 관심을 가진 학부모라면, 행복과 성공이라는 두 마리 토끼를 함께 좇을 수 있는 방법에 귀 기울이지 않을 수 없을 것이다.

김진성(서울시의원, 전 구정고 교장)

차례

추천의 글 · · · · · · · · · · · · · · · 4

여는 글 · · · · · · · · · · · · · · · · 12

1 다정한 엄마 되기

— 아이가 필요로 하는 순간엔 하던 일도 멈춘다 · · · · 21
— 한 마디 말이라도 함부로 내뱉지 않는다 · · · · · · 24
— 지극한 사랑과 지극한 마음을 전한다 · · · · · · · 28
— 늘 아이의 입장에서 생각한다 · · · · · · · · · · 32
— 아이가 내 곁에 있다는 것에 언제나 감사한다 · · · · 37
— 손톱만큼이라도 잘하는 것이 보이면 봇물 터지게 칭찬한다 · · 41
— 언제나 긍정적이고 정확한 말을 쓴다 · · · · · · · 46
— 상처 입은 아이 곁에 늘 함께한다 · · · · · · · · 50
— 야단을 쳐야 할 땐 야단칠 일만 가지고 야단친다 · · · 56
　▶ 부드럽게 일깨워 주기
　▶ 아이의 떼 잡기
　▶ 눈물 호소 작전
　▶ 회초리와 반바지 시위

— 기다리고 또 기다려 준다 · · · · · · · · · · · 62

2 영리한 엄마 되기

— 오감을 만족시켜 준다 · · · · · · · · · · · · · · · 69
  ▶ 찬장 놀이, 그릇 놀이
  ▶ 비 맞기 놀이
  ▶ 식혜 만들기
  ▶ 구름이불 만들기
  ▶ 박물관 탐방
  ▶ 기계와 대화하기

— 원 없이 놀게 한다 · · · · · · · · · · · · · · · · · 81
— 오늘보다 내일이 더 나아지도록 자신감을 북돋워 준다 · · · 87
— 선행 학습보다는 적기 교육이 낫다 · · · · · · · · · 91
— 학원 수업보다 다양한 경험이 우선이다 · · · · · · · 100
— 인생의 가장 큰 조언자, 책을 친구로 만들어 준다 · · · 105
— 스카우트 활동은 자신감과 리더십을 키운다 · · · · · 113
— '정직해라' 말로도 가르친다 · · · · · · · · · · · · 118
— 보이지 않는 곳에서 수고하시는 분을 알게 한다 · · · 122
— '함께 사는 사회'를 알게 한다 · · · · · · · · · · · 126
— 유기농산물이 건강한 몸과 똑똑한 두뇌를 만든다 · · · 130

3 대범한 엄마 되기

— 아이 혼자 떠나는 여행을 보낸다 · · · · · · · 139
— 아이들의 문제는 아이들끼리 해결토록 한다 · · · · 145
— 실수는 실수로 받아들인다 · · · · · · · · · 149
— 즐길 수 있는 시간을 충분히 줘야 집중도 잘한다 · · · 152
— 고3보다 중요한 평생을 생각한다 · · · · · · · 155
— 선생님을 믿어야 아이는 학교가 즐겁다 · · · · · 159
— 부적절한 체벌에는 단호하게 대처한다 · · · · · 163
— 길가의 아이들에게도 따뜻한 말을 건넨다 · · · · 168

4 행복한 엄마 되기

— '참 행복'에 집중한다 · · · · · · · · · · · · · · · · · 175
— 행복한 가정에서 행복한 아이가 자란다 · · · · · · · 180
— 나를 사랑한다, 나를 칭찬한다, 나를 존중한다 · · · · 183
— 아빠를 존경하면 모두가 행복하다 · · · · · · · · · 186
— 우리 가족만의 축제를 연다 · · · · · · · · · · · · · 192
— 추억이 쌓이면 행복이 쌓인다 · · · · · · · · · · · · 196
  ▶ 아이들 박물관을 만든다
  ▶ 앨범 이불을 만든다

— 아침은 늘 웃으며 맞는다 · · · · · · · · · · · · · · · 202
— 감사할 줄 아는 아이는 엄마를 최고로 행복하게 해 준다 · · · 206
  ▶ 엄아, 고마워요!
  ▶ 엄마, 충분해요!

— 달콤한 육아, 편안한 교육, 행복한 삶을 함께 나눈다 · · · · 212

   닫는 글 · · · · · · · · · · · · · · · · · · 216

여는 글

좋은 아이를 만들려면
먼저 좋은 엄마가 되어야 한다

아이들에게 무엇보다 고마운 점은 어느 곳에서 어떤 일이든 기쁘게 해낼 수 있는 사람으로 자라 주었다는 것이다. 아이들은 이해심이 깊고, 매일 마주하는 엄마를 비롯한 다른 사람들과 사물에 감사하며, 모든 것을 기쁜 마음으로 대한다. 보잘것없는 식탁에도 감사하고 길가에 마주하는 작은 생명체도 배려하는 마음을 가진 사람으로 성장해 주었다. 이것이 엄마로서 정말 고맙다.

우리 아이들이 이렇게 자라 준 데에는 비결이랄 것도 없지만 '아닌 것은 하지 않는 부모'를 만난 때문이 아닐까 싶다. 우리 부부는 아이들이 점수를 잘 받고 좋은 학교에 가는 것보다는 참되게 살기를 바랐다. 오늘도 내일만큼 소중하게, 하루하루를 즐겁고 의미 있게 사는 일에 집중하기를 바랐다. 말하자면 인생의 궁극적인 목표가 있었다.

일반적으로 아이를 키우는 것은 곁에서 늘 지켜 주는 아빠와 엄마다. 하지만 엄밀히 말해 주변의 많은 선생님들과 이웃, 친지들 그리고 자연의 도움도 빼놓을 수 없다. 사실 아이는 키워지는 게 아니다. 부모는 그저 음식을 준비해 줄 뿐이고 아이는 그것을 먹으며 스스로 큰다. 생각을 키우는 것도 마찬가지다. 아이와 함께 기뻐하고 즐기고 궁금한 것은 같이 찾아보면서, 아이와 함께 엄마도 큰다.

아이가 크는 것을 보고 기뻐하는 엄마가 되기란 어려운 일이 아니다. '내 아이가 좋은 아이로 자랐으면' 하고 바란다면 내가 그만큼 아이에게 좋은 대접을 해 주면 된다. 또 내가 먼저 좋은 엄마가 되면 된다.

나는 원래 자녀 교육 전문가가 아니었다. 1989년부터 도시와 농촌의 공동체 운동 '한살림'을 하면서 느껴온 농업, 먹을거리의 생명성에 관한 글을 쓰고 강의를 해 온 사람이었다. 하지만 세상의 삼라만상은 다 그물코처럼 연결되어 있어서 그 어떤 주제의 이야기를 해도 알고 보면 결국 하나로 통했다. 생명에 대한 이야기와 자식 키우는 이야기가 다를 바가 없었다.

나의 방식은 '감사하며 먹고 감사하며 살자'였다. 농업 생산자와 소비자는 둘이 아닌 하나이므로. 밥을 먹으며 생산자에게 감사하고, 작은 풀벌레의 도움으로 과일이 익으므로 자연에도 감사하고. 나는 이런 마음가짐과 이치로 자녀들을 길렀다.

두 돌, 네 돌이던 아이들이 여남은 살이 되자 남들 눈에 심성이 고와 보였는지 내게 자녀 교육 강의 요청이 들어왔다. 나는 전문 교육자는 아니었지만, 잘 자라 준 아이들 덕분에 교육 강사가 되었고, 한살림뿐 아니라 여러 단체와 방송 매체, 엄마학교를 통해 생활 속에서 터득한 아이 키우는 지혜를 전하게 되었다.

강의 요청을 받고 나서야 아이 기른 내용을 곰곰이 생각하며 정리해 보았다. 뭐 별다른 게 없었다. 아이를 행복하게 해 주자는 생각이 있었을 뿐이다. 아이와 함께 지내는 의미를 날마다 깊이 새겼으므로 마음이 편안했고 즐거웠다. 욕심내지 않았다. 오늘 살아 있음에 감사했고 아이와 함께 있음에 고마워했다.

그리고 서두르지 않았다. 서두르지만 않으면 인생은 정말 달콤하다. 아무리 울고불고 서로 간절히 원해서 맺어진 짝이라도 부부로 산다는 것은 둘만의 문제가 아니다. 관계가 단순하지 않으니 자연히 어려움이 생긴다. 복합적으로 한 몸이 된다는 것은 쉬운 일이 아니다. 하지만 서두르지 않고 서로 모든 게 처음이란 것을 이해해 주고 끈기 있게 기다리다 보면 행복해진다.

교육도 마찬가지다. 어린 아기를 낳아 놓고, 공부 걱정을 하고 입시 고민을 하면서 행복할 수 있을까? 아기는 젖 잘 먹고 잠 잘 자고 변 잘 보면 된다. 더 자라서는 잘 뛰어놀면 된다. 그게 아이의 본분이다.

인간이란 동물은 태어난 후, 뇌가 95% 성숙 수준에 이르는 데 약 10년이 걸린다고 한다. 그동안 부모가 아이에게 해 줄 수 있는 최고의 일은 '책 읽어 주고 이야기 많이 해 주는 것'이라고 노벨상을 수상한 세계적인 경제학자 제임스 헤크먼이 말했다. 그게 경제적으로도 가장 이롭다고. 많은 철학자, 교육학자들이 쉬지 않고 주장하던 내용을 요즈음은 경제학자까지 나서서 강조한다.

내가 아이 키울 때는 그런 것까지는 알지 못했다. 나는 그냥 아이와 편하게 살려고 했다. 조바심 내지 않고 아이가 커 가는 모습을 지켜봤다. 아이가 너무나 예뻐서 행복했다. 나는 아이가 하고자 하는 일을 하게 했다. 만지고 싶어하는 것을 만지게 하고, 보고 싶어하는 것을 보게 했다. 그 자연스러운 방식은 세계 석학들이 교육 이론서에서 주장하는 것이기도 하다. 몇 세기 전이나 지금이나 변하지 않는 교육법인 것이다.

하나 더 꼽는다면 나는 아이 기르는 대가를 치렀다. 아이는 예쁘고 사랑스럽고 자고 나도 시들지 않는, 이 세상 무엇과도 견줄 수 없는 아름다운 꽃이다. 아이와 함께 산다는 것은 최고의 축복이다. 아이는 엄마 품에 안겨 아무런 의심도 하지 않는다. 엄마를 온전히 믿는다. 우리가 살면서 이렇게 전폭적인 지지를 받았던 경우가 얼마나 있는가. 내가 아이를 낳아 주었기에 그 아이도 나를 이렇게 믿어 주는 것이다. 그런 아이와 함께 사는데 힘든 것도 좀 감내해야지 하고 나는 마음먹었다. 손수건 하나를 사도 값을 치르는데 아이의 이런 사랑을 받으면서 대가를 치르지 않을 수는 없었다.

나는 또한 아이와 지내면서 사소한 것들에 고마워했다. 아이의 살 냄새, 웃음소리, 짧은 젖니, 앞니 빠진 '갈갈이'를 대하는 기쁨도 컸다. '엄마'라고 불러 주는 아이가 있어 그런 복을 누렸다. 더 무얼 바라랴. 날마다 기쁘게 살았더니 아이들이 잘 자라 주었다.

아이를 길러 온 지 이제 22년. 내 아이와 어떻게 잘 지내 왔는지를 살펴보면서 아이 키우는 기쁨을 젊은 엄마들에게 전하고자 한다.

계동 작은 한옥 '엄마학교'에서

1

나는 다정한 사람이 좋다. 그래서 나 스스로도 다정한 엄마가 되려 했다.
언제나 아이를 향해 두 팔 벌리고 맞아 주는 엄마. 엄마를 보면,
엄마 목소리만 들어도, 아니 엄마 생각만으로도 아이의 온갖 시름이 다 사라지는,
이 세상에서 가장 따뜻한 엄마가 되려 했다.
나는 아이가 아이로서의 권리를 최대한 발휘하며 살 수 있는 집을 만들려고 노력했다.
아기일 때는 대소변을 잘 본 것을 칭찬하며
그 뒤처리를 기쁜 마음으로 했고, 어지르며 노는 것 역시 아이들의 특권이라 여겼다.
아이들이 벌이는 일을 백번 이해하여 아이가
어떤 일도 머뭇거리지 않고 할 수 있는 환경을 만들려 노력했다.
아이가 집에 오면 언제나 환한 얼굴로 맞이해 주었다.
사감처럼 이건 이래, 저건 저래 따지지 않고 그냥 아이 입장에서 한껏

다정한 엄마 되기

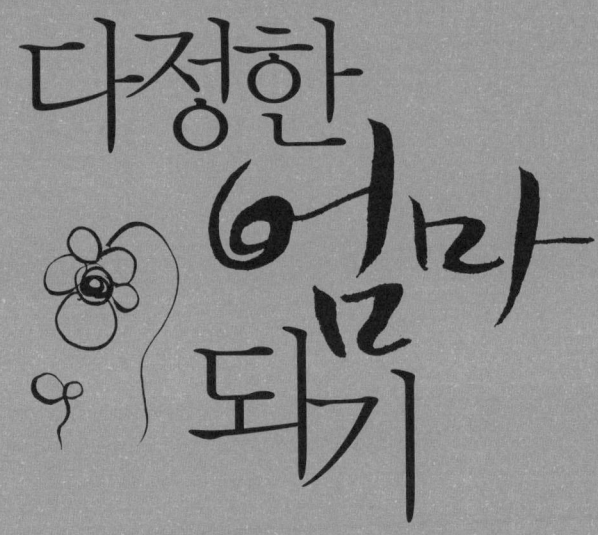

기운을 내게 해 주는 엄마이고 싶었다. 그래서 아이가 모든 하소연을
내게 다 하고는 응어리가 풀어져 함박웃음 짓기를 원했다.
내 아이가 다른 이에게 대접받았으면 하는 만큼 아이를 대접해 주었다.
누구나 자신의 아이가 남에게 홀대 당하면 가슴 아파한다.
그처럼 '남이 내 아이를 이렇게 대하면 화가 나겠지' 하는 행동은
나부터 하지 않았다. 또한 내 앞에서만큼은 내 아이가 최고의 대접을 받아
이 세상 어느 누구도 부럽지 않기를 바랐다.
그래서 내 아이를 왕자님, 공주님 모시듯 존대해 주고 행복에 눈뜨게 하고
어떤 요구도 스스럼없이 할 수 있도록 해 주었다.
아이들은 뭐든 다 받아 내는 다정한 엄마의 품에서 걱정 없이 자란다.

아이가 필요로 하는 순간엔 하던 일도 멈춘다

뭐든 말할 수 있게 하고 원하는 것은 다 하게 해 주자. 그건 아주 사소한 것들이다.

아이가 엎드려서 걸레질을 하는 엄마 등에 올라타며 "야, 말이다! 말 타자!" 하면 "히힝" 하며 장단을 맞추고 "더그덕 더그덕" 입으로 소리를 내며 열심히 달리면 된다. 때론 빠르게 달리기도 하고, 아이를 조심스레 떨어뜨리기도 한다. 아이는 좋아서 숨이 넘어갈 듯 웃고, 나는 아이의 상상력에 감탄한다. 방바닥을 엉금엉금 기며 걸레질하는 엄마의 모습에서 말을 연상한 아이에게 "저리 비켜. 귀찮아" 또는 "이것 빨리 해야 해"라기보다는 아이와 친구가 되어 잠시 말 흉내를 내며 같이 놀아 주자. 말 한 마리 없는 좁은 집 안에서도 상상력

하나로 아이에게 최상의 풍요를 누리게 해 줄 수 있다.

길에서 마주치는 엄마들 중에는 아이들에게 "안 돼, 하지 마"를 남발하는 이들이 있다. 그러면 아이들은 뭘 하다가 깜짝 놀란다. 아이들도 사람이니 보는 게 있고, 궁금한 게 있고, 작은 머리지만 생각이 있으니 하고 싶은 것도 있을 게다. 그런데 어른의 생각으로 위험하고, 더럽고, 보기 싫으니 안 된다고 한다. 혹은 옷 버릴까 봐 놀지 못하게 하기도 한다. 이는 아이의 오감을 발달시키는 놀이를 모두 차단하는 것이다.

아이가 떼를 쓰는 데에는 다 이유가 있다. 그 원인만 찾아내 잘 해결해 주면 된다. 사실 아이를 제지하는 엄마도 이 세상 그 누구보다 자신의 아이를 사랑한다. 그래서 위급한 상황이 오면 분명 제 목숨을 내놓고 아이를 구할 것이다. 그 사랑을 일상적으로 보여 주어야 한다.

그런데 많은 엄마들이 이론상으로는 그렇게 해야 한다고 알고 있으면서도 실제로는 아이를 기르면서 여유 있게 대처하지 못할 때가 있다. 서둘러서 그렇다.

'아이가 왜 이것도 못하나' 생각하지 말고 '아이니까 못한다' 여기자. 아이가 어른처럼 잘한다면 큰일 나지 않겠는가. 아이라서 그렇다고 생각하면 그 아이의 행동이 당연하게 여겨진다. 그러니까 가르치는 재미도 있지 않은가. 그래야 훗날 아이에게 할 말도 생긴다. 내가 너를 이렇게 길렀다고.

아이가 짜증을 낼 때에는 '아, 아이니까 이렇구나' 하고 생각하자. 아이다움을 인정해 주면 엄마도 짜증이 나지 않는다. 그래도 아이가 계속 짜증을 내면 '우리 딸 예쁜 얼굴은 어디 갔나?', '착한 우리 아들 왜 화가 났을까?' 하고 묻는다. 질문을 하는 사이, 신기하게도 마음이 가라앉게 된다. 엄마도 아이도 화가 한풀 꺾여 마음이 고요해진다.

또 뭐든 들여다보고 만지고, 쏟고, 엎지르는 아이들은 호기심이 많아서 그러는 것이다. 머리가 좋다는 징조다. 아마 자라서 공부 잘할 것이다. 몸이 더러워지면 나중에 깨끗이 닦아 주면 된다. '아, 얘가 총명해서 그렇구나'라고 생각하는데 짜증이 나겠는가. 아니다. 그건 감사해야 할 일이다.

남 해코지하지 않는 한 아이가 즐기고자 하는 일, 다 누리게 하자. 그건 아이의 특권이다. 그런 특권을 누리는 아이가 사는 집에는 기쁨이 가득하다.

한 마디 말이라도
함부로 내뱉지 않는다

무심코 던진 말이 아이에겐 비수가 될 수도 있다.
"형편없어, 쓸모없는 녀석."
그런 말을 들은 아이가 '난 형편없는 아이야, 난 쓸모가 없어'라고 생각할까 두렵다. 길에서 장난치며 걷는 아이에게 간혹 이렇게 말하는 엄마도 있다.
"너 죽을래? 바로 좀 못 걷니?"
그냥 '바로 걷자' 사랑의 눈빛으로 말해도 '아이가 바로 걸었으면' 하는 엄마의 마음은 똑같이 전달된다. 각각의 말을 듣는 아이의 기분은 지옥과 천국일 게다.
어떤 엄마는 "너, 말 안 들으면 엄마 집 나갈 거야"라는 말을 하는

데, 이때 아이가 '별말 아니야. 엄마는 항상 거짓말하니까' 하고 엄마 말을 안 믿어도 걱정이지만 엄마 말을 그대로 믿는다면 더더욱 걱정이다. 늘 우리 엄마가 집 나갈까 전전긍긍하며 살아야 할 테니까. 아이를 위협하는 말은 어느 누구에게도 이롭지 않다.

그런 말만 나쁜 게 아니다. 나는 거절당한 아이의 불행한 얼굴을 본 적이 있다. 언젠가 차 안에서 잠이 와 엄마에게 기대려는 초등학생 아들에게 '저리 가. 아휴! 무겁다' 며 소리치는 엄마를 보았다. 엄마는 별 뜻 없이 한 말이었을 테지만, 그 아들의 무안해하는 얼굴이란. 가장 가까운 사람에게 거절당한 아이는 기를 펴지 못한다. 자신이 남의 마음에 들지 않을까 전전긍긍하며 살게 될 것이다. 정 힘들다면 "엄마 팔에 쥐가 나는데 조금 이쪽으로 옮겨 볼래?"라고 해서 아이에게 상처 주지 않고 다정하게 말하면 된다.

또 어떤 엄마들은 멀리 있는 저 아저씨가 혼내 준다든지, 할머니가 침을 놓는다고 해서 세상에 대한 공포를 조성한다. 애꿎은 남을 나쁜 사람으로 만들 필요는 없다. 그리고 엄마의 이런 엄포에 익숙해진 아이는 그 순간만 지나면 된다고 생각할 뿐이고, 태도는 바뀌지 않는다. 그러니 아이에게 거짓말을 해서 주변 사람을 무서운 사람으로 만들지 말자. 그러면 아이들이 다른 사람을 열린 마음으로 대할 수 없게 된다. 마음이 닫혀 있으면 스스로 불편해진다.

한번은 버스에서 소리 지르는 아이가 있어서 내가 입에 손가락을 대고 '쉿' 했더니 그 아이 엄마는 "봐, 아줌마가 조용히 하라고 하잖아" 했다. 여러 사람이 있는 곳이어서 조용히 해야 하는 것이지 아줌마가 그러라고 해서 조용히 해야 하는 것이 아니다.

이때 아이를 야단치지 않고도 가르쳐 줄 방법이 있다. "쉿, 여러 사람이 있는 곳에서는 조용히 해야 해" 하고 엄마가 목소리를 다정히 낮추면 된다. 그러면 아이도 야단치는 소리가 아니라는 것을 알고 안심하며 소리를 낮춘다. 내 경험으로 보면, 아이에게 계속 소곤거리며 말하면 아이는 무슨 놀이를 하는 줄 알고 덩달아 신이 나 소곤거린다. 그게 익숙해지면 습관이 된다. 어디에서나 누가 봐도 사랑스러운 아이가 된다.

사실 소리 지르는 엄마도, 협박하는 엄마도 아이를 키우면서 '눈에 넣어도 아프지 않은 게 내 자식'이라는 말을 실감하게 된다. 잘나도 예쁘고, 못나도 예쁜 게 자식이다. 아이들을 너무 쉽게 대하다 보니 말을 함부로 하게 되는 것은 아닌지…….

이제 마음에 없는 말은 하지 말자. 대신 속마음을 전하는 미더운 얘기, 사랑한다는 얘기는 넘치도록 하자. 부르기만 해도, 듣기만 해도, 아니 생각만 해도 가슴 뭉클한 이름 '엄마'. 모성이 강조되는 요즘, 엄마가 엄마다워지는 노력을 해야겠다. 엄마가 크는 만큼 아이도 큰다.

지극한 사랑과
지극한 마음을 전한다

'나도 아이를 이렇게 키워야지.'

내게 이런 생각을 심어 주신 두 어른이 계신다. 한 분은 내가 대학생일 때 아버지와 같은 직장에서 근무하시던 송 과장님 부인이시다.

나는 그분을 작은엄마처럼 좋아했다. 항상 밝게 웃고 지내시는 그분에게는 아이가 없었다. 송 과장님 부부는 사택 아이들을 마치 당신 아이처럼 돌보셨다. 동네 아이들에게 당신 성을 붙여 '송 아무개야'라고 부르는 농을 하시곤 했는데 아이들을 얼마나 살뜰히 보살피셨는지 그중 한 아이가 이마가 깨져 피를 흘리면서 병원에 가 진료받을 때 제 이름 앞에 자기 아빠 성을 붙이지 않고 송 과장님 성인 '송'을 붙일 정도였다.

이런 일이 있은 뒤 우리 엄마는 그분께 이렇게 일렀다.

"아이 하나를 데려다 키우시지 그래요. 그래도 몫이 다 따로 있는 건데. 이렇게 아이를 잘 키우시면서……."

정말 몇 년 후 조용하던 그 댁에 아기가 왔다. 스무 살 미혼모가 낳은, 태어난 지 한 달 된 아기였다.

나는 그 아기를 보기 전까지는 불행한 아기가 있다고 생각해 본 적이 없었다. '아기' 하면 무조건 좋은 냄새와 밝은 얼굴이 떠오르듯 사랑스럽기만 할 거라는 생각을 갖고 있었다. 아기라면 어떤 상황에서도 행복하기만 할 거라는 생각도 했었다.

그런데 그 아기는 아주 불행해 보였다. 아기를 두고 '낳을까, 말까, 기를까, 줄까, 데려 가라, 버려라' 얼마나 많은 불행한 이들의 고민과 미운 말들이 오갔을까. 얼마나 많은 상처를 받아 이 아이는 이렇게 일그러진 얼굴로 오만상을 찌푸리고 있는 걸까.

'아, 가여운 아기.'

그 아기는 이맛살을 찡그리고 끙끙거리는 소리를 쉬지 않고 냈다. 처음 왔을 땐 기저귀를 제때 갈아 주지 않아 아랫도리가 다 해어져 있었다. 어린 것이 육체적으로도 정신적으로도 만신창이가 되어 있어 바라보기만 해도 슬펐다.

송 과장님 가족은 정성을 다하여 아기를 보살폈다. 특히 사모님은 우유를 먹일 때마다 찡그리고 꽁꽁거리며 자기는 불행하다고 말하는 듯한 아기를 꼭 껴안아 눈을 맞추시고는 "우리 예쁜 은정이 많이 먹어라. 그리고 잘 커라. 착하게 커라" 하며 아름다운 말을 끊임없이 해 주셨다.

개학 무렵이 되어 나는 서울로 돌아왔다. 학기를 보내고 겨울방학이 되어서야 은정이를 볼 수 있었다. 다시 만난 은정이는 알아볼 수 없을 만큼 변해 있었다. 아니, 아주 다른 아기가 되어 있었다. 아기는 벙긋벙긋 웃으며 잘 먹고 잘 잤다. 얼굴에는 행복한 미소만 가득했고 건강하게 흠 없이 자란 몸은 토실토실 살이 올라 있었다. 물론 쉬지 않고 내던 신음 소리도 온데간데없었다. 단 몇 개월의 지극한 사랑과 보살핌만으로 아기가 이렇게 변할 수 있다니…….

'사람이 사람을 이렇게 짓밟을 수도, 거꾸로 이렇게 화사하게 살려 낼 수도 있구나.'

나 역시 아기를 낳으면 세상에서 가장 행복한 아이로, 사랑에 관한 한 절대 부러울 것 없는 아이로 자라도록 사랑을 듬뿍 주리라 생각했다.

나에게 다정한 엄마가 되는 법을 가르쳐 주신 다른 한 분은 내가 대학생이었을 때, 정신문화연구원에서 우리 학교로 출강하시던 정

원섭 선생님이시다.

선생님은 부부간에 존대를 하며 어린 아들에게도 역시 그리 하셨다. 아장아장 걷는 돌 지난 아기에게 일일이 존댓말로 가르치셨다. 아이도 순했지만 그렇게 부모가 아이를 모시듯 대하니 잘 자라지 않을 도리가 없었을 것이다. 아이를 혼내시더라도 존대를 하니 함부로 하지도 않을 것이고.

대학생이었을 때 본 영화 「엘리펀트 맨」의 주인공이 내게 해 준 말도 기억난다. 어떤 사람이 흉측한 모습으로 태어나서 부모도 없고 놀림만 받으며 외로이 지내는데 어떻게 그리 착한 마음을 가질 수 있냐고 묻자 그는 "그건 엄마 때문"이라고 대답한다. 엄마가 나를 낳았을 때 꼭 안아 주었다고. 그걸 지금까지 기억하며 잘 살고 있다고.

단 한 번의 사랑이, 단 한 번의 칭찬이 아이를 천국에 있게 한다.

늘 아이의 입장에서 생각한다

많은 이들은 나름대로 열심히 했는데 이렇게 꼬였다, 문제가 됐다고들 한다. 그건 내가 생각하기에 좋은 것, 내가 보기에 마땅한 것을 택했기 때문이다. 상대방, '너'를 위주로 생각해야 한다. 그래서 나는 강의 때마다 나름대로가 아니라 너름대로 하라고 한다. '나'가 중심인 '나름대로' 보다는 '너'가 중심이 되는 '너름대로'가 옳다고.

꽃을 기르면서 모든 식물은 햇볕을 좋아한다고 믿고 다 볕 아래 둔다면 타 죽는 것들이 생긴다. 음지 식물에 대해서도 이해를 하고 그 식물이 습기를 얼마나 좋아하는지도 각각 살펴야 한다. 네가 진정 무엇을 좋아하는지, 상대방의 상태를 알아야 한다. 아이도 마찬가지다.

아이를 진정 사랑한다는 것은 어떤 것일까? 그건 사육하지 않는 것, 아이의 타고난 성품을 존중하고 키워 주는 것, 아이 자체를 인정하는 것, 아이의 입장을 충분히 배려하는 것이리라.

아이들은 학교에 가면 좁은 공간에서 딱딱한 의자에 앉아 6~7시간을 보낸다. 담임선생님과 일 년을 보내야 하고 여러 선생님들과도 일일이 주파수를 맞춰야 한다. 대하기 쉬운 분도, 대하기 어려운 분도 계신다. 교실에 있는 아이들과도 다 잘 맞을 리 없다. 돋보이는 아이도 있고 모자라는 아이도 있으며 샘 많은 아이도 있다. 아이들은 누구나 선생님, 친구들과 맞추면서 학교생활을 해 나가야 한다. 알게 모르게 크고 작은 압박을 받게 된다. 아마 부족한 점이 많은 아이일수록 그 긴장감은 더할 것이다.

작은아이도 학교생활에 적응해 가는 데 꽤 시간이 필요했다. 홍원이는 초등학교 1학년 때 아예 학교가 싫은 아이였다. 네덜란드에서 1년 동안 자유로운 몬테소리 학교생활을 했던 터라 우리나라에 돌아와서는 무조건 학교에 가지 않으려고 했다. 처음 며칠은 억지로 끌고 갔는데, 가 보면 책가방이 비어 있기 일쑤였다. 그때 나는 선생님께 머리 조아리는 게 그리 싫을 수 없었다. 남 앞에 머리 숙이지 않다가 아이 탓에 그러는 게 속이 상했다. 그러다가 정신을 가다듬어 내 입장에서가 아니라 아이의 입장에서 '왜 학교가 싫을까?' 생각해 보려고 했다.

"학교가 싫어? 왜?"

"가방이 무거워서."

"엄마가 가방 들어다 줄게. 가자."

아이가 힘들다고 하면 그 부분을 그대로 받아들여 주었다. 아이는 학교 가기 싫은 이유를 댈 것이 없어지자 학교에 갈 수밖에 없었고 차차 적응해 나갔다. 다그치기보다는 아이 입장을 이해하고 아이를 도와주며 기다렸더니 힘든 시간이 금세 지나갔다.

첫 아이도 마찬가지였다. 유치원을 짧게 다녀서 그런지 남 앞에 서는 것을 좋아하지 않았다. 수업 시간에 발표만 시키면 모기 소리를 내던 아이였다. 아이가 뒤처지는 것이 속상하기보다는 얼마나 긴장했을까? 하는 안쓰러운 마음이 컸다. 아이가 말할 때 집중하고 기다려 주니 아이는 차차 발표를 두려워하지 않게 되었다. 그러나 2학년 2학기에서 3학년 1학기까지 일 년 동안 네덜란드에서 살다 오는 바람에 학교에 다시 적응해야 했다. 그사이 같은 학년 친구들은 한자 공부를 시작했고 까막눈 태경이는 수업을 따라가기 힘들어했다. 불안한 수업이 즐거울 리 없었다. 나는 이번에도 아이를 안심시켰다. 처음 네덜란드에 가서 네덜란드 말이 낯설었지만 곧 잘해 냈던 것처럼 시간이 지나면 잘할 수 있다고, 그리고 한자 공부를 못해 밥 못 먹는 일은 없으니 걱정 말라고 말이다. 선생님께도 부탁드렸다. '6개월 뒤에는 따라가겠지요' 하며 나와 아이는 서두르지 않고 있다고 말씀 드렸다.

여러 친구들과 잘 지내고 모든 수업을 잘 해내는 아이들은 대단하다. 훌륭히 하루 일과를 마친 아이는 대견하다. 반면에 학교에서 좋은 성과를 못 낸 아이는 하루가 더욱 고되었을 것이다. 힘든 일과를 마치고 집으로 오는 아이를 어떻게 맞아 주어야 할까.

웃는 낯 하나면 족하다. 여기에 '오늘 하루 수고했네. 애썼네' 하며 안아 주면 금상첨화다. 아이의 하루 피로는 다 풀린다. 아이는 엄마가 정말 좋고 자신이 쉴 곳은 집이라고 생각한다. 아이의 마음이 안정된다. 또 다른 공부를 하고 싶다는 의지가 샘솟을지도 모를 일이다.

그것이 어려운 엄마라면 웃는 낯이 떠오르는 쪽지 한 장이면 충분하다. '밥 먹고 숙제해라' 처럼 지시문이 아닌, 사랑을 표현하는 글 말이다. 좋은 문장이 생각나지 않으면 '집에 잘 왔구나', '귀한 내 아이 집에 잘 와서 기뻐' 같은 한 줄이면 된다.

내가 해 본 바로는, 학교에서 돌아온 아이에게 하는 최고의 질문은 '얼마나 즐거웠니?' 이다. '무얼 배웠니?' 한다면 아이는 그 긴 시간 동안 배운 것들 중에서 무엇부터 말할까 정리하느라 머리가 복잡해진다. 더구나 집으로 들어서는 현관에서부터. 그건 환대가 아니다. '얼마나 즐거웠니?' 하고 물으면 대답하기 전부터 아이 얼굴에 웃음꽃이 핀다. 즐거운 이야기를 하다 보면 수업 내용과 친구, 선생님 이야기까지 학교생활을 골고루 전하게 된다. 아이도 부담 없고 엄마도 부담 없는 행복한 시간을 함께 즐기기만 하면 그만이다.

아이가 내 곁에 있다는 것에 언제나 감사한다

사실 아이를 기르면서 욕심이 나지 않는 것은 아니다. 몸과 마음이 건강한 아이면 족하다 여기다가도, 성적도 잘 나오기를 기대한다든지. 선생님과 친구에게 인정받는 아이이니 뭐든 잘 해낼 것이라는 오만한 생각까지 갖게 된다든지. 나 역시 꾹꾹 눌러 놓아도 욕심이 어느새 살포시 연기처럼 솟아올랐다. 그러면 이런 생각들을 하며 지그시 눌렀다.

'그 어떤 경우든, 아이가 내 곁에 없는 것보다는 낫지 않은가.'

이 생각이 들면 그 어떤 경우에도 다 감사하게 된다. 모든 욕심이 사그라진다. 이 생각은 욕심이 날 때 쓰는 최고의 약이다.

특히 아들에게 잔소리를 하고 싶어질 때 그걸 누르는 방법도 있다. 아파트라는 공간에서는 아이의 움직임이 한눈에 들어온다. 그러니까 자연히 참견을 하기 쉬운데 그럴 때면 마음속으로 이렇게 되뇐다.

'며느리가 내 아이한테 이렇게 하면 좋지 않겠지.'

'만약 내가 마구 대하는 것처럼 내 아이들을 다른 사람이 그렇게 대한다면 참 기분 나쁘겠지?'

가만히 두고 보지 못하고 내 아이 편을 들어 그 사람과 싸울지도 모르겠다. 그러니 내가 참는다. 내가 이 아이들을 하늘로 대하지 않으면 어느 누구도 그렇게 대해 주지 않는다. 내가 하늘로 여겨도 남들은 내 아이를 땅으로 여길까 말까 한다. 그러니 나라도 하늘로 여겨야지. 집에서라도 넘치게 대접해 주는 거다. 마음을 다해서.

아이에 대한 부모의 사랑을 그 어떤 사랑에 비길까? 늘 내 하늘, 내 사랑인 내 아이에게 최선을 다한다. 그러면 우선 사랑하는 내가 행복해진다.

어느 날인가부터 아이가 건강하니까 무조건 감사하게 되었다. 그리고 또 얼마가 지나면서부터 점점 욕심이 없어지는지 그냥 아이가 내 곁에서 숨쉬고 있는 것 자체가 행복하고 감사할 일이라 여겨졌다.

전에는 '내 아이가 이렇게 자랐으면……' 또는 '이런 아이가 좋은

데' 하는 생각을 해 봤다. 그러다 문득 접한 신문 보도. 명문 대학에 입학한 학생이 합격 기념으로 해외여행을 갔다가 사고로 목숨을 잃었다는 내용이었다. 나는 어떤 아이를 원하는가. 무엇이 정말 소중한가를 기사를 읽어 가며 다시 생각했다. 그 학생이 조금이라도 여유를 갖고 인생을 즐기다 갔으면 마음이 덜 상할 텐데, 공부만 하다 갔다면, 치열하게 대학 입시만을 위해 살다 갔다면 정말 억울하겠다 싶었다. 미래를 위해서 오늘을 아껴야겠지만 온전히 다 바칠 필요는 없는 것을. 지금 당장 삶에 사랑을 느끼고 행복하지 않으면 무슨 소용일까. 그런 생각으로 살던 내게 그 기사는 전율로 다가왔다. 내가 살아 있고 그래서 아이 곁에 있을 수 있고 이 아이들이 살아 있어서 내게 살 냄새를 풍긴다는 게 얼마나 큰 축복인가.

아이의 살 냄새는 이 세상 무엇과도 바꿀 수 없도록 좋다. 그 냄새를 맡는 동안은 다른 생각을 못할 만큼 행복하다. 아기 때의 젖 냄새부터 어리면 어린 대로, 크면 큰 대로, 아이의 살 냄새가 좋다. 냄새도 아이를 따라 큰다. 남자아이는 어렸을 때도 냄새가 다르다. 얼마나 땀 냄새가 강한지. 신기하게도 아이의 땀내엔 아빠 냄새가 난다. 그런 건강한 살 냄새들을 즐기다 보면 아이를 키우는 게 힘들다는 생각을 하려야 할 수 없다. 힘들고 지치는 마음도 아이의 예쁜 얼굴을 보면 눈 녹듯 사라진다. 반짝이는 작은 생명체, 자고 나도 시들지 않는 예쁜 꽃, 그게 바로 아기다.

누구나 아이가 행복하고 건강하고 그리고 혹시 덤으로 주어진다면, 이왕이면 똑똑한 사람으로 자라길 바란다. 하지만 무엇보다 앞서는 것은 행복이다. 건강하지만 행복하지 않은 삶보다는 건강하지 않아도 행복한 삶을 택하겠다. 짧게 살아도 마음이 맞아 그 마음을 나눈다면 그 삶은 의미가 있다.

성악가 김동규 씨는 「10월의 어느 멋진 날에」라는 곡에서 '너를 만난 세상 더는 소원 없네. 바람은 죄가 될 테니까' 라고 노래한다. 내 아이를 만난 세상 더는 소원이 없다. 그것만으로도 너무 가슴이 벅차서.

손톱만큼이라도 잘하는 것이 보이면 봇물 터지게 칭찬한다

아이들이 할 일을 엄마가 뭐든 대신 해 주면 얼마나 편하고 빠르고 쉬운지 누구나 안다. 그래도 내 몸속 생명이 세상에 나와 살아가려면 숨쉬는 것부터 혼자 해내야 한다. 출산을 하면 탯줄을 잘라야 아이도 엄마도 살 수 있다. 아이가 혼자 하는 것이 느리고 어설프더라도 아이 스스로 하도록 기다려 줘야 한다. 혼자 해야 하는 많은 일들을 차차 하나씩 천천히 해 나가면 아이는 성취감을 느낄 것이고 엄마는 아이의 성장을 지켜보는 기쁨을 맛볼 수 있다. 다르게 말하면 아이 스스로 하도록 두지 않는 부모는 아이가 스스로 클 기회를 박탈하는 부모라는 것이다.

아이가 학교생활을 하게 되면 학교의 일들도 스스로 하게 해야 한다. 잘못하다가는 아이가 초등학교 1학년이면 엄마도 초등학교 1학년, 아이가 중학교 2학년이면 엄마도 중학교 2학년이 되는 경우가 종종 생긴다. 미리 스스로 하게 해야 엄마가 아이 대신 살지 않게 된다. 유치원부터 그리 하는 게 좋고 정 안 되면 초등학교에 들어가면서부터 어떻게든 해야 한다.

얼마 전 우리 집에 인터뷰 온 한 기자는 4학년짜리 딸이 알림장을 잘 안 적어 와서 아직도 엄마가 준비물을 챙겨 줘야 한다고 하소연했다. 그럼 어떻게 하냐니까 한 반 친구 엄마에게 물어서 해결한다고 했다.

"아이가 참 영리하네요. 힘들이지 않아도 다 되는데 왜 노력하겠어요. 엄마가 학생처럼 준비물을 챙기는데……. 제 준비물이면 선생님 말씀 열심히 듣고 적겠지만 그러지 않아도 다 해결되는 걸요. 아이는 그걸 이미 알고 편하게 지내는군요."

나는 아이들이 어려서부터 뭐든 스스로 하게 했다. 그런데 둘째 홍원이는 시간 개념이 없어서 놀다가 학교 숙제를 밤중에 하기 일쑤였다. "잠깐이면 할 숙제이니 하고 놀지 그러니?" 하면 숙제는 제 문제니 두고 보란다. 기다려 주었다. 사실 처음에는 아이의 당돌한 말을 듣고 얼마간은 내가 아이 처다보며 화를 참느라 애를 먹었다. 아이의 게으른 행동이 한눈에 들어와 잔소리를 하고 싶지만 자신의 말에 책임을 지라고 꾹 참고 지냈다. 또 지금 못 가르치면 평생 따라다니며 아이 숙제를 챙길 것이기에. 단, 하고 싶은 것 다 하고 놀고 싶은 것 다 놀더라도 학교는 꼭 가야 하고 숙제 또한 꼭 해야 하는 것이라고 어려서부터 주지시켰다. 대신 엄마인 나도 아이와의 약속은 꼭 지켰다.

숙제 도움은 9시까지만 주기로 했기 때문에 좀 부담이 되는 것은 미리 가져와 내게 도움을 청하도록 했다. 아프거나 서로 이해할 만한 정당한 이유가 있으면 예외를 인정했지만 보통 때는 아무리 애원해도 9시 이후에는 도움을 주지 않았다. 어려운 문제를 놓고 혼자 끙끙거려도 엄마가 봐 주지 않으니 엉터리 숙제를 해 가게 되었다. 그 후 아이는 어려운 숙제가 있으면 초저녁에 들고 와서 봐 달라고 했고, 어느 정도 시간이 흐르자 제 일을 제가 하지 않으면 안 된다는 것을 알게 되었다.

강연장에서 '아이들은 기다려 주면 다 알아서 한다' 는 말을 꺼내면 몇몇 엄마들은 '그냥 두어도 자기 아이가 공부를 잘하니까 저렇게 말한다' 고도 한다.

큰아이도 공부를 못할 때가 있었고 작은아이도 5학년이 될 때까지 성적이 반에서 중간 정도였다. 하지만 학교에서 공부를 가르치기에 거기에 의지하며 조급해하지 않았다. 대신 책을 읽히며 기다렸다. 아이가 가장 잘하는 놀기, 축구하기를 칭찬하며.

사실 작은아이는 시간이 무척 오래 걸렸다. 초등학교 내내 그런 수준의 성적을 유지했으니. 그래도 조바심하지 않았다. 그렇다고 살아가는 데 문제가 되거나 몹쓸 짓을 하는 아이는 아닌데 무엇이 문제랴 생각했다.

다만 아이가 무슨 일을 하든 '나는 중간이야. 이 정도밖에 못해' 라는 생각을 갖지 않도록 유의했다. '나는 쓸모 있는 사람이야' 하고 생각하도록 신경을 썼다. 그래서 손톱만큼이라도 잘하는 것이 보이면 칭찬을 봇물 터지게 했다. 그랬더니 홍원이는 초등학교 5학년 때부터 학교 성적이 부쩍 올라 공부에 자신감이 생겼다. 다들 어리게만 보고 '노는 거 말고 과연 무얼 할 수 있을까 싶던 아이'가 엄마가 믿고 기다려 주니 생각보다 훌쩍 잘 컸다.

아이가 스스로 해낼 수 있도록 엄마는 참고 기다려야 한다. 특히 아이가 느릿느릿 서툴게 배워 나아가는 모습을 믿어야 한다. 엄마가 조바심 내지 않고 믿고 기다리면 아이들은 편안한 마음으로 새로운 것을 배우고 터득해 나간다. 날마다 보이지는 않지만 아주 조금씩 커

간다. 마치 한 방울의 빗물이 대지를 적시고 나아가 강물을 이루듯.

 그러니 혼자 하게 두자. 잘하나 은근히 살피되 답답해도 기다리자. 제 숨을 내가 쉬어 줄 수 없다. 자라서도 탯줄 달고 다니면 얼마나 번거로울까? 둘 다 잘 사는 법을 택해야겠다.

언제나 긍정적이고
정확한 말을 쓴다

내가 아이들에게 가장 신경을 쓴 언어 훈련은 '~하면 안 돼?' 대신 '~ 해도 돼?' 처럼 긍정적인 표현을 쓰게 하는 것이었다.

초등학교에 입학한 태경이는 어느 날부터 이렇게 물었다.

"엄마, 정윤이 집에 놀러 가면 안 돼?"

아이가 한 번도 써 본 적 없는 말투를 쓴다 싶어 얼굴을 마주하며 대답했다.

"응, 안 돼."

아이는 깜짝 놀라면서 내게 되물었다.

"왜요?"

아이가 놀랄 수밖에. 한 번도 뭘 하고자 할 때 하지 마라 한 적이 없었으니까. 아이가 원하는 것은 다 하게 했으니까. 그런 내가 아이의 부탁을 거절한 이유는 아이가 부정적인 말투로 질문을 해서였다.

"네가 안 되냐고 물으니 그런 거지."

그제야 왜 안 된다고 한지를 알아차린 아이는 다시 물었다.

"엄마, 정윤이 집에 가도 돼?"

"응, 가서 놀고 와."

'사면 안 돼? 놀면 안 돼? 하면 안 돼? 보면 안 돼?' 라고 묻기보다 '사도 돼? 놀아도 돼? 해도 돼? 봐도 돼?' 가 더 낫다. 긍정적이므로. 또 간략하기까지 하다. 말에 무슨 차이가 있을까 생각할 수도 있다. 하지만 그것은 근본적으로 다르다. '~안 돼?' 하고 물을 때는 아이의 마음이 불안하다. 거절될 것을 감안한 질문이기 때문이다. 사고가 긍정적인 아이로 자라면 뭐든 다 할 수 있다. 스스로 행복하고 자발적이어서 누구와도 잘 어울린다.

또 아이가 정확한 복모음을 발음하도록 신경 썼다.

'정학한' 내용이 아니라 '정확한' 내용이고 '보자간' 이 아니라 '보좌관', '대풀이' 가 아니라 '되풀이' 며 '대걸' 이 아니라 '대궐' 이 옳은 발음이다. 이제는 우리말을 제대로 하는 사람을 만나기 어려운 지경이다.

제 말을 제 말대로 발음하려고 노력하는 것은 아이를 아이 그대로 보려고 노력하는 것처럼 중요하다. '대궐'을 '대걸'로 얕게 발음하도록 내버려 두는 것은 아이 기르는 데 준비하고 드는 시간을 무시하고 결과만 탐내는 것과 같다. 세상을 대강대강 쉽게 살려는 모습과도 같다고 주장하는 언어 전문가도 있다. 무엇 하나를 이루려면 그만큼 노력을 해야 한다는 말이다. '궐'을 발음하기 위해 입을 모으는 것과 '걸'을 발음하기 위해 입을 모으는 것은 아주 다르다. 그렇게 정확히 하나하나 꼼꼼하고 섬세하게 발음하는 것은 결과뿐 아니라 과정도 소중히 여겨 정성을 다하는 것과 같다.

아이가 말을 할 줄 모를 때에도 엄마는 늘 바른 말을 해야 한다. 첫 음식, 첫 공기처럼 첫 말도 아주 소중하다. 아기에게 입력되는 모든 정보는 가장 정확한 것이어야 한다.

아기가 우물우물 발음하는 것을 귀엽다고 어른들이 따라하는데, 이는 어른들이 앞장서서 부정확한 어휘를 아이에게 주지시키는 것이므로 옳지 않다. '찌찌', '지지' 대신에 '젖', '더러워'라고 말해야 한다. 아이는 듣는 대로 발음한다. 단지 듣는 대로 발음하는 능력이 떨어져 어설프게 발음하는 것뿐이다.

나는 밥을 먹을 때는 '맛있는 밥 먹자', '따뜻한 밥을 숟가락으로 잘 퍼서 먹자', '밥을 입으로 꼭꼭 씹어서 먹자' 같은 말을 되풀이하였다. 또 '놀러 가자', '신발을 신고 놀러 가자', '신발을 신고 깡충깡충 뛰며 놀러 가자' 같이 동일한 말을 더 자세하고 다양하게 응용해서 말해 주기도 했다.

일반적으로 남자아이는 말이 늦다고 하는데, 우리 아들은 비교적 빠른 시기에 바른 말을 잘 썼다. 우리 아이들은 '아기 말 떼기'라는, 불필요하고 혼란스런 단계를 거치지 않았다. 아이에게 바른 말을 해 주는 일은 아이를 위해 가장 유익한 최초의 학습이라 할 수 있다.

상처 입은 아이 곁에 늘 함께한다

적당한 갈등은 삶의 보약이다. 그것이 해소되었을 때 성취감, 해방감을 느끼기 때문이다. 하지만 너무 오래되면 아이가 짜증스러워한다. 자칫하면 그 짜증이 아이를 짓눌러 아이를 아이답게 크지 못하게 한다. 아이에게 상처가 되는 것이다.

맏이로 태어나 가족의 사랑을 독차지하던 아이가 동생이 태어나면 어린 마음에 상처를 입는다. 제게만 쏟아지던 관심이 모두 동생에게 쏠리면서 영문도 모르는 정신적 충격으로 어려움을 겪게 되는 것이다. 우리 아이도 그랬다. 사실 작은아이가 큰아이가 되는 시기는 집집마다 다르다. 동생이 태어나는 날이 바로 그때이기 때문이다. 한 돌이건 두 돌이건 무조건 첫 아이는 큰아이로 불려지고 큰아이 노릇을 해야 한다. 아이 입장에선 참으로 어이없는 일이다.

세상 사랑은 혼자 다 받은 듯 사랑스럽던 태경이가 동생이 태어나자 계속 열병을 앓았다. 온 우주이던 엄마 곁을 웬 아이가 와서 차지하고 누워 엄마의 온갖 보살핌을 다 받으니 엄마가 얼마나 야속하고 동생이 얼마나 미울까. 어떤 어른은 아이가 받는 충격이 남편이 다른 젊은 여인을 데려와 한방에 나란히 누운 것을 보고 부인이 받는 충격과 같은 꼴이라고도 했다. 어린아이 마음으로는 충격의 강도가 그보다 더할지도 모르겠다. 나는 어쩔 수 없이 큰아이가 된 아이 입장을 헤아리고 의젓하게 혼자 하던 밥 먹기, 대소변 가리기, 옷 입기를 칭찬했다.

보통 때는 작은아이에게 눈 맞추고 사랑 표현을 했지만 누나가 바로 곁에 있을 때는 의도적으로 작은아이를 모자라는 아이 취급했다. '왜 옷을 혼자 못 입냐, 말로 하지 않고 우냐' 는 등등. 몇 번 그렇게 하니 30개월 된 태경이는 엄마가 한심하다는 표정으로 말했다.

"얘가 아직 아기라서 그래요."

그 후로 누나는 동생을 돌보기 시작했다. 이 아이는 아직 어려서 보살펴 줄 사람이 있어야 한다는 것을 알게 된 것이었다. 물론 아이를 보는 게 쉬운 일이 아니어서 얼마 안 가 제풀에 흥미를 잃었다. 그 다음부터는 내가 동생 곁에 붙어서 무슨 일을 해도 관심이 없었다.

'이 아이는 누가 돌봐 주어야 할 아이, 내 경쟁 상대가 아냐.'

태경이는 원래 자신의 일상으로 돌아가고 홍원이는 홍원이대로 엄마의 보살핌을 잘 받을 수 있었다. 아이의 마음을 이해하고 아이의 입장을 인정해 주자 자연스레 일이 풀렸다.

혹 아이가 다 큰 후에도 작은아이를 시샘하거든 큰아이와 따로 시간을 가질 것을 권하고 싶다. 큰아이에게 이렇게 말해 주면서.

"너는 특별해. 너는 엄마 아빠의 첫사랑이야. 첫물이야. 옷을 사도 처음엔 얼마나 아끼고 곱게 입니? 너는 그 첫 번째 존재야."

그리고 꼭 껴안아 준다. 어떤 말보다 큰 효과가 있으리라. 나중에 동생과 다툼이 날 때도 큰아이를 다그치지 말고 그때 대화하던 표정으로 큰아이와 눈을 맞춰 보아라. '너는 특별해' 하고 말하는 듯. 한 번에 안 될지는 몰라도 곧 좋아진다. 아이가 오래도록 상처 받았으니 천천히 끈기 있게 치유해야 한다. 그래도 그리 오래 걸리지는 않는다.

학교생활이 아이들을 힘겹게 할 때가 있다. 선생님께 인정받는 아이는 그렇지 않겠지만 선생님께 질책을 당하고 야단을 맞아 본 아이들은 의기소침해지기 마련이다. 여기서 그치는 것이 아니라 자신감마저 잃을 수 있다. 그런데 학교를 매일 찾아가서 지켜보지 않는 한 대개의 엄마들은 아이가 학교생활을 잘하겠거니 믿고 맡기는 수밖에 없다. 어떤 엄마는 이걸 못 참고 학교를 수시로 드나들며 아이가 뒤처지지 않는지 확인하지만 그리 좋은 방법은 아니다. 엄마의 감시 아래 학교생활을 하는 아이가 활기찰 수 있을까?

그렇다고 아이의 학교생활을 나 몰라라 해서도 안 된다. 아이가 위기에 빠져 있는지, 반에서 소외되는 존재인지, 선생님께 밉보인다고 생각하는 건 아닌지 살펴 줘야 한다.

홍원이도 4학년 때 그런 시련의 시기가 있었다. 언제나 숙제를 후딱 하고 놀던 홍원이의 숙제 시간이 길어졌다. 아이 방에 들어가 보니 책을 열 장이나 베끼고 있었다. 분량으로 보아 무슨 사연이 있는 모양이나 모른 척하고 '와, 홍원이 팔 힘 엄청 세지겠다' 하며 나왔다. 며칠 뒤에도 홍원이는 그 숙제를 또 하고 있었다. 아이가 벌을 받고 있구나 여겨져도 '교과서의 문장은 완전한데 이렇게 날마다 쓰니 이제 홍원이는 최고의 문장가가 되겠네' 하며 아이가 힘이 나게 했다. 별일 아닌 듯 넘기며 아이를 더욱 다정하게 대했다. 그런데 아이는 일주일이 되도록 똑같은 숙제를 했다. 아무리 학교 일이 선생님 고유 권한이라 하여도 이제는 엄마가 관여할 때라 여겨 알림장에 편지를 썼다.

'안녕하세요? 선생님. 많은 아이들 데리고 수업하시느라 수고가 많으십니다. 홍원이가 학교에 잘 다니고 있어서 감사합니다. 다름이 아니오라 홍원이가 일주일째 같은 숙제를 하고 있습니다. 너무나 잘했기에 제가 칭찬을 아주 많이 해 주었습니다. 선생님, 살펴봐 주세요. 홍원 엄마 서형숙 올림'

선생님은 더 이상 그런 무리한 숙제를 내지 않았다. 홍원이는 아무 일도 없는 듯 다시 잘 지낼 수 있었다. 학교에서 아무리 힘든 일을 겪어도 아이는 엄마의 믿음과 사랑이 있으면 잘 이겨 낼 수 있다.

아이들이 커 가면서 겪는 문제도 조금씩 난이도가 높아진다. 나이에 비해 조숙한 태경이는 초등학교 3학년 말부터 우리 역사책을 탐독하기 시작하더니 4학년 때는 굉장히 비판적으로 변했다. 악이 선을 지배하는 것 같다고 했다. 절대군주는 국민을 이용만 한다는 게 책에 나왔다며 책에 빠져 스스로 힘들어했다. 동생마저도 자기가 선으로 베푼 것을 악으로 갚는다며 마음 상해하고 모든 일에 분노하고 시시비비를 가리려 했다. 나는 아이에게 좋은 이야기를 하고 모범을 보이려 애썼으나 한계에 이르렀다. 내가 할 수 있는 일은 누군가에게 도움을 청하는 것이었다. 이 시기 도움을 주었던 것은 종교였다. 성당에 다니게 된 태경이는 언제나 자신의 모든 것을 알아주는 전지

전능한 존재를 만나게 되면서 평화로워졌다. 언제 그랬냐는 듯 다시 천사표로 돌아왔다. 나는 나대로 아이가 사춘기를 슬기롭게 이겨 나갈 수 있도록 좋은 책을 권해 주었다. 이때 내가 태경이에게 권해 준 책은 『프란체스코의 잔 꽃송이』, 『마르첼리노의 기적』, 『보리수 피리』 같은 것이었다.

 아이들이 어려움을 겪는 시기에는 엄마가 아이와 마주하여 싸우기보다 적당히 거리를 두고 아이를 살펴보며 기다려 주는 지혜가 필요하다.

야단을 쳐야 할 때
야단칠 일만 가지고 야단친다

 때론 엄마가 꼭 야단쳐서 아이의 잘못된 점을 바로잡아 줘야 할 때도 있다. 이럴 때는 그 일만 가지고 아이가 알아듣게 설명한다. 잘 타일러 다시 하지 못하게 하는데 똑같은 나쁜 일을 반복하면, 아이 눈을 바로 보고 따끔하게 이른다. 왜 하면 안 되는지를 가르쳐 주고 계속하면 엄마가 무섭게 혼내겠다고 말한다. 보통 때는 한없이 좋은 엄마지만, 하면 안 되는 일을 했을 때는 호되게 야단을 친다는 것을 알면 아이는 안심하고 잘 자란다. 잘못했을 때만 꾸짖어 주는 엄마가 옆에 있으므로.
 아이의 그릇된 행동을 보고 덩달아 화를 내는 경우도 있다. 하지만 어른이 화를 낸다고 일이 해결되지는 않는다. 그 순간만 넘길 뿐이다. 그리고 서로 기분만 나빠진다. 차라리 엄마가 화가 난다고 말을 하자. 왜 화가 나는지 한마디로 말하자. 그러나 이렇게 저렇게 해도 아이가 몰라주면 좋은 엄마가 할 수 있는 최후의 방법은 아이에게 시위하는 것이다. 엄마의 아픈 속마음을 알 수 있도록······.

▶ **부드럽게 일깨워 주기** ·············

 엄마는 아이들에게 뭐든지 할 수 있게 해 주지만 절대로 하면 안 되는 것도 있다는 사실을 알려 줘야 한다. 일깨워 주면 아이는 같은 실수를 다시 하지 않는다.

 어렸을 때 태경이가 친구를 꼬집어 아프게 한 적이 있었다. 그때 나는 태경이를 아프게 느낄 정도로만 살짝 꼬집어 주고는

 "아프니까 싫지? 남을 꼬집으면 이렇게 아파."

 하고 몇 번 일러 주었다. 아이는 남의 아픔을 이해했는지 다시는 그러지 않았다.

▶ **아이의 떼 잡기** ·············

 아이들은 몸 상태가 안 좋을 때, 날씨가 궂을 때 가끔 이유 없이 떼를 쓰기도 한다. (우리 어른이 느끼는 것과 다른 우주의 이치를 몸으로 느껴 나타나는 현상인지도 모르겠다.) 엄마는 아이가 떼를 써도

흥분해서는 안 된다. 이럴 때는 주의와 관심을 다른 데로 돌려 주는 게 좋은 해결법이다. 그러면 아이는 장난감이나 과자 같은 사물에 집착하여 떼를 쓰다가도 집착하는 대상을 금세 잊기도 한다.

홍원이는 어렸을 때 가끔 떼를 썼다. 그러면 나는 홍원이를 꼭 껴안고 조용하게 혼잣말을 중얼거렸다. 들릴 듯 말 듯 조그만 소리로 소곤거리노라면 기도하는 마음이 되곤 했다.

"홍원이가 엄마 배 안으로 들어왔을 때 엄마는 얼마나 기뻤다고. 아빠랑 신나서 박수를 쳤지. 그리고 엄마는 이 아이가 잘 자라서 건강하게 태어났으면 좋겠다고 아빠한테 말했어."

떼를 쓰며 울던 녀석이 이게 무슨 염불인가 귀 기울인다. 울고 소리치는데 대꾸는 안 하고 혼잣말을 자꾸 하고 있으면 거꾸로 아이는 조용히 그 내용이 무엇인지 궁금해서 듣는다. 조그만 소리니까 집중하지 않으면 들리지 않는다. 고요한 가운데 계속 낮은 소리로 말을 이어 간다.

"아기가 많이 자랐어. 그래서 엄마 배가 이만큼 불러졌지. 개구리 배처럼 빵빵해. 그런데 아기가 발길질을 하는 거야. 뻥하고. 엄마는 얼마나 놀랐다고. 손을 대고 있던 아빠도 깜짝 놀라고. 우리는 축구 선수가 나오려나? 했지. 또 어떨 때는 둥글둥글 몸을 굴리며 서서히 움직이는 거야. 양반처럼 의젓하게."

"엄마, 양반이 뭐야?"

아이는 아무 일도 없었다는 듯 주먹으로 눈물을 훔치며 묻는다. 별일도 아닌 것으로 짜증을 내던 아이가 아무렇지도 않게 내게 다가온다. 사랑받는 자기 얘기를 동화 듣듯 듣고는 다시 제 놀이에 열중한다. 아주 어릴 때 그런 일이 가끔 있었고 아이는 떼쓰는 일 없이 잘 자랐다.

▶ **눈물 호소 작전** ・・・・・・・・・・・・

어느 날, 홍원이가 그네에서 누나를 떨어뜨리더니 나무망치로 머리를 때려 혹이 나게 했다. 한 배에서 자라나서 서로 싸우니 속이 아팠다.

이럴 땐 엄마 마음을 고스란히 내보이는 게 상책이다.

"너희들 이러면 엄마가 속상해."

이렇게 말하고는, 내가 울어 버렸다. 아이들은 다툼을 멈추고 잠잠해졌다.

늘 의젓하고 이상적인 어른 노릇을 하려고 해 보지만 때론 역부족일 때가 있었다. 다른 일은 속은 안 돼도 겉으로라도 해 보려고 노력을 하면 비슷하게 어른 노릇이 되었는데, 아이들이 서로 때리며 싸우는 것은 해결하기가 어려웠다.

다투는 소리가 싫어서 몇 번 참견을 해 본 적도 있지만 아이에게도 내게도 별로 득이 되지 않았다. 전후 사정을 다 알 수 없으니 판정이 공평하지 않게 되고 공평하더라도 그건 내게 공평한 것이지 아이들에게는 아니었다. 잘못 참견하게 되면 나는 애만 먹고 두 아이들한테 똑같이 원성만 산다는 것을 안 다음에는 절대 관여하지 않았다. 자기네도 질서가 있을 테니 그 안에서 푸는 방법밖에 없었다.

육박전이 나면 참견을 안 할 수는 없지만 자신이 없으니 엄마인 내가 일단 울고 봤다. 속상한 내 마음을 털어놓으며. 그러면 아이들은 다툼을 멈췄다. 내게 미안한 나머지 서로 협력해서 엄마를 달래기도 했다. 그래서일까, 오래지 않아 둘은 싸우지 않게 되었다.

▶ 회초리와 반바지 시위 · · · · · · · · · · · · ·

홍원이는 4학년이 되자 버럭 화를 내곤 했다. 이른 사춘기라 이해하고 어느 정도는 참아 주었지만 성질을 내는 것은 두고 볼 수 없었다. 훌륭한 아이도 필요 없고 잘난 아이도 원하지 않았다. 엄마와 사이좋은 아이, 사람다운 사람이길 바랐다. 이렇게 말이 통하지 않아 엄마에게 소리 지르는 아이는 이미 가족이 아니라고 여겨 매를 들었다. 대신 버릇없이 어른한테 대드는 몹쓸 아들을 키운 죄로 나도 맞았다.

아이를 데리고 나가 매끄러운 나무 회초리를 주워 왔다. 맞다가 다칠까 봐 매끄러운 것을 고르는 엄마의 마음을 아이는 알까?

"네가 요즈음 말로 하지 않고 화를 내거나 짜증을 내는 것은 엄마가 받아 줄 수 없다. 얼마간 지켜보았는데 이제는 말로 해서 안 되겠다. 다섯 대를 때릴 텐데 너를 이렇게 키웠으니 나도 맞는다."

회초리로 아이 종아리부터 때리고 내 허벅지도 때렸다. 아파서 눈물이 났다. 매를 모르고 살다가 자식을 키우며 맞았다. 아이는 매를 공손히 맞았다.

좋기만 하던 엄마가 그러니 아이는 찔끔했는지 조용했다. 다음 날부터 나는 일부러 집에서는 짧은 반바지만 입고 다녔다. 얼마나 세게 때렸는지 멍이 시커멓게 드러났다. 아이는 별 자국이 없는 자신과 비교가 됐던지, 또 엄마의 그런 모습을 보니 안쓰러웠던지, 그런 떼를 쓰지 않았다. 다음 해에 한 번 더 그러고는 홍원이는 훌쩍 자라 버렸다.

기다리고 또 기다려 준다

홍원이는 여섯 살 때 심하게 말을 더듬었다. 아이를 키워 보니 잠깐 그럴 때가 있다. 다른 집 아이들도 그렇고. 생각은 무척 빨리 돌아가는데 말이 따라 주지 않아서 나타나는 현상인 듯하다. 보통 아이들은 눈치 채지도 못하는 사이에 금방 지나가는데 홍원이는 석 달이 지나도록 말을 더듬었다. 말을 급하게 하면 더욱 그랬다. 아이가 긴장하면 더 나빠질까 봐 모르는 척, 아무 일도 없는 듯 아이를 대했다. 다만 아이가 무슨 소리를 하면 다른 일을 하다가도 멈추고 아이 눈을 보며 말을 열심히 들었다.

'엄마가 얼마든지 들어 줄 테니 천천히 잘 말하라' 는 맘으로. 그런데도 별 진전이 없었다. 하루는 미장원에서 손자를 데리고 온 이웃

할머니께서 한마디로 딱 잘라 "애 말더듬이구만" 하셨다. 정신이 번쩍 났다. 맞아, 얘 말더듬이 맞아. 더 오래 끌어선 안 되겠다 생각하고 그날부터 만사 다 제치고 아이의 말씨 바로잡기에 온 마음을 집중했다. 아이가 엄마를 보러 오지 않아도 볼 수 있게 곁을 지켰다.

아이가 말을 시작하면 마치 말 들을 준비를 네가 태어나기 전부터 하고 있었다는 표정으로 응대했다. 아이가 불안해 말을 끊을까 봐 될 수 있으면 참견도 안 했는데 많이 더듬으면 한 마디 정도 거들었다.

"응. 홍원아, 엄마가 듣고 있어. 언제까지나 홍원이 말 다 들을 거야. 아무리 오래 걸려도 괜찮아. 얼마든지. 그러니까 천천히 말해."

또박또박 천천히. 나는 내 말투가 달라진 걸 느꼈다. 아들을 보면서 내 말투는 어떤가 돌아보게 되었다. 빠르게 하던 말을 알맞은 속도로 하려 했고 내 말씨를 듣기 좋게 바꾸려 노력했다. 내가 아이를 키우는 것 같지만 천만에다. 아이가 나를 키운다. 부모는 아이를 낳아 기르며 배려를 배운다. 희생도 배우고 용기도 배운다. 참을성도 기른다. 어려운 일을 겪으면 한꺼번에 더 많이 배운다. 아이가 말 더듬자 여러 가지를 되돌아보게 되었고 나는 훌쩍 자랐다.

"홍원이가 지금 머리가 아주 좋아지고 있는데 말이 아직 못 따라가서 그래. 조금 지나면 말과 생각 둘이 잘 만나서 괜찮아져."

그런 말로도 안심시켰다.

하루아침에 제대로 돌아가지 않으리란 걸 알기 때문에 조바심 나는 마음을 나부터 다잡았다.

참 이상한 것은 아이가 말을 더듬을 때마다 내 마음이 더 가라앉으며 차분해졌다는 것이다.

'내가 말을 더 잘해야지……'

조금만 나아져도, 나아지는 게 보이지 않아도 자신감을 갖게 말끝마다 수다스러울 만큼 칭찬을 많이 했다.

"말을 이제 정말 잘하는구나."

하기도 했고

"말하고 생각이 이제 만나려고 하는데?"

하기도 했다.

아이는 "정말?" 하며 좋아했지만 별로 심각해하지 않았다. 하긴 아이는 이게 다 놀이인 줄 알지 고민스런 엄마의 행동인지 알 리가 없었다. 내가 아무렇지도 않은 듯 아이를 대했기 때문이다.

"그래, 듣고 있어."

"자, 천천히. 생각아, 혼자 도망가지 마."

주문 같은 말을 가끔 아이 말끝에 달았다. 오래지 않아 아이는 아무 일도 없는 듯 말을 더듬지 않고 잘하게 되었다. 홍원이의 통과의

례가 조금 길어 내 애를 잠시 태웠을 뿐이다.

참으로 신기한 것은 그동안 나는 아이가 말을 더듬어 속으로 걱정이었는데 양가 두 할머니는 아무렇지도 않았다는 것이다. 그냥 무조건 예쁘니 그게 보이지 않았는지. '뭐가 어때서' 하셨다. 남의 눈에는 분명 말더듬인데도…….

세상일이 다 마음먹은 대로 되는 것은 아니다. 생각지도 않은 일이 찾아와 애를 태우기도 한다. 하지만 급박한 일이 아니라면 내용을 잘 들여다보고 천천히 풀어내면 풀어진다. 시간이 흐르면 자연스레 제자리로 돌아온다. 서두르지 않으면 그 과정도 견딜 만하고 결과는 너무도 달콤할 것이다. 마치 오래 뜸 잘 들인 밥이 맛있듯이. 아이 기르는 것도 그 순간을 음미하며 차분히 기다리면 찰진 밥처럼 맛깔스러워진다.

2

'아이들과 행복하게, 참 편하게 살았어요. 아마 앞으로도 그럴 거구요' 라는 말을
나는 강연장에서 참 자주한다. 그러면 엄마들은 대개
"선생님 애들이 좋은 대학 가서 걱정 없으니 하는 소리지요" 한다.
별 신경 안 쓰고 내놓고 길러도 아이가 잘 커서 부모 목에
힘이 들어가는 경우가 있긴 하다. 하지만 그건 그야말로 아주 운 좋은 부모이다.
사실 놓아기르다 아이가 제멋대로 자라서 난감한 경우가 더 많다.
난 어떤 엄마가 되어야 할지를 아이 키우는 내내 마음 썼다.
영리한 엄마는 아이가 좀 자랄 때까지 아이를 늘 지켜봐 준다.
단 아이가 모를 정도로 멀리서 아이를 지켜본다.
그래야 아이는 자기 일을 스스로 하면서 자유롭게 살아간다.
엄마도 그렇게 하도록 둔다. 그러나 너무 어려운 일,
아이에겐 버거운 일이 계속되면 그때는 함께한다.

영리한 엄마 되기

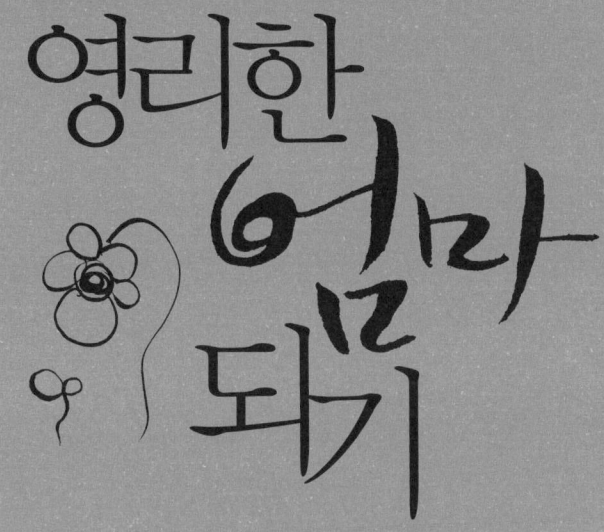

아이가 샘을 낸다면 아이 마음을 헤아리면서 잘하는 부분을 인정하여 아이의 마음을 누그러뜨린다. 늘 게으르고 관심이 한 곳에 치우쳐 있다면 그것을 다른 곳으로 살며시 돌린다. 상을 주는 등 동기를 유발하면서. 너무 늘어져 있을 때, 또는 너무 오랫동안 한 곳에만 과도하게 집중할 때가 엄마가 관여할 시기다. 적재적소, 적기에 조금만 관여하면 아이는 훌쩍 자란다.

엄마의 생각은 항상 여유로워야 한다. 그래야 여유롭게 아이의 문제에 개입할 수 있고 풀 수 있다. 다음과 같은 생각을 갖고.

'뭐든지 다 혼자서 잘하면 그건 아이가 아니다. 아무리 성숙한 아이라도 아이는 아이여서 손이 간다. 가끔 아이가 부족해야 부모 노릇 하는 재미도 있다. 그것이 부모의 존재 이유이기도 하다.'

오감을 만족시켜 준다

 도랑 치고 가재 잡고, 배 먹고 이 닦는 일석이조 이야기보다 더욱 좋은 자녀 교육법이 있다. 일상에서 배우는 것이다. 아무 일도 하지 않은 듯한데 교육이 되는 것, 어린아이들에게 가장 좋은 교육은 오감을 충족시키는 것이다. 아이들은 일상에서 그걸 경험할 수 있다. 돈 들이지 않고 할 수 있는 기초 교육이며 놀이의 종류도 무궁무진하다. 아이는 교육기관, 학습서, 방문 선생님보다 좋은 엄마와 더 잘 노는 법이다. 어린아이에겐 엄마가 최고의 교사다. 나는 아이들과 집 안에서 갖은 일상용품을 장난감으로 활용하며 놀았다. 만지고, 더듬고, 맛보고, 두드리고, 귀 기울이며 즐겼다.

▶ **찬장 놀이, 그릇 놀이** • • • • • • • • • • • •

어린아이는 호기심 덩어리다. 세상이 모두 새롭고 신기해서 집 안 이곳저곳을 탐험하듯 누비며 다닌다. 우리 집은 어느 곳이나 아이들의 놀이터였다. 아이가 궁금해하는 것은 다 살펴보고 만져 보고 들어 보고 맛보게 했다.

찬장이나 개수대 문을 끈으로 묶어 놓는 대신 원 없이 꺼내 놓고 놀게 했다. 아이들은 그릇들을 다 꺼내 탑처럼 쌓아 올리기도 하고 성처럼 길게 늘어놓기도 했다. 빈 찬장에 들어가 놀기도 했다. 아이는 꼭 포장 상자에 들어 있는 인형같이 귀여웠다. 유리그릇도 어른이 곁에서 지켜 주면 아주 좋은 장난감이다. 깨지는 순간 금방 흉기로 돌변하는 유리만 따로 치워 놓고 다양한 모양과 크기, 색깔, 재질의 그릇을 종류대로 늘어놓아 젓가락으로 두드려 소리를 내 준다. 쇠 젓가락일 때와 나무젓가락일 때 다른 소리가 나고 그릇에 물이 담겨 있을 때와 그렇지 않을 때 소리가 다르다. 「난타」가 따로 없다.

화장품도 마찬가지다. 아이들은 궁금해하는데, 화장품은 아이들 손이 닿지 않는 높은 곳으로 자꾸 올라가 욕구는 계속 충족되지 않는다. 아이들과 발라 보고 칠해 보고 냄새 맡아 보았다. 다 알아보자 화장품은 피난 갈 필요 없이 낮은 화장대에서도 제자리를 지킬 수 있었다.

아이들은 좁은 공간을 좋아해서 이불장에 들어가 노는 것도 즐긴다. 아침저녁 이불을 넣고 꺼낼 때 아이들 눈에 띄면 그날은 온 이불이 다 밖으로 쫓겨나와 텐트가 되고 장막이 된다. 이불 썰매를 만들어 아이들을 태우기도 하고, 흥이 더하면 얇은 홑이불로 망태기를 만들어 아이를 그 안에 담고 산타 할아버지처럼 메고 다녔다. 장롱 안에 들어가 잠을 자기도 했다. 때로는 내장 꺼내 놓은 것처럼 이불이 다 밖으로 나와 있는 것이 볼썽사나웠지만, 아이들도 하고 싶은 게 있고 그것이 그네들의 일상인 것을 어쩌랴. 치울 때도 힘들일 필요 없다. '치우는 놀이'를 하면 금세 정리된다. 방법은 간단하다. '누가 빨리 치우나 시작!' 하고 게임을 하듯 치우면 그만이다.

아이들은 주위에 있는 대부분의 사물을 만져 보고 빨아 보고 살펴보면서 많은 경험을 하게 된다. 그 호기심은 계속 이동한다. 어질러 놓는다고 또는 시간 없다고 못 놀게 하지만 아이들에게는 그게 바로 공부다. 공부를 열심히 하겠다는데 그것을 막을 이유는 없다.

▶ 비 맞기 놀이 · · · · · · · · · · · · ·

"엄마, 비 맞는 게 좋아."

"산성비라 몸에 좋지 않은데……. 교복을 입은 학생이 비를 맞는 것은 그리 아름다워 보이지 않는구나."

태경이는 그래도 좋다고 웃었다. 나중에 안 일이지만 영화 「로마의 휴일」의 앤 공주가 비 오는 거리를 걷고 싶다고 했는데 비가 내리지 않아 그걸 못해 보아 아쉽다고 한 것을 기억하고 그 후로 아이는 앤을 위해 비만 내리면 대신 맞고 다녔던 거다.

나도 어지간한 감성의 소유자라고 생각하는데 이 아이를 따라가자면 가랑이가 찢어지겠다. 그 영화를 몇 번이나 봤지만 그 대사가 기억나지 않으니 말이다.

아이들이 어렸을 때 날이 서늘하지 않으면 데리고 나가 같이 비를 맞은 적이 있었다. 얼굴을 하늘로 향하고 유성처럼 둥글게 내리는 비를 보는 기쁨, 하얗게 보이는 그 굵은 빗줄기를 맞는 감동, 귀를 두드리는 거센 빗소리의 향연을 아이들과 즐겼다.

옷을 더럽히며 비를 마구 맞는 것도 큰 희열이다. 처음엔 옷에 비가 스미듯 젖다가 나중에는 옷이 비를 뿌린다. 물웅덩이를 찾아 힘차게 발질을 하면 물이 우산처럼 퍼져 흩어진다. 한 명씩 묘기라도 부리듯 그 놀이를 원 없이 했다. 신발 속에서 북적거리는 빗물이 소리를 내며 밖으로 나온다. 물을 튀겨도 좋고 그 물 튀김을 맞는 맛도 썩 좋다. 흔쾌하다. 깔깔거리는 웃음소리가 빗속을 뚫고 퍼진다. 장화를 신었다면 더욱 좋다. 아파트라 물줄기가 있는 곳을 찾기는 어렵지만 경비실 앞 처마에 가서 장화 가득 물을 받아 펄썩거리고 다니자면 그처럼 맛 좋은 놀이가 또 있을까. 무거운 장화를 질질 끌고 가다가 발에 힘을 주면 장화에서 폭포가 쏟아진다. 어쩌다 나온 동네 사람이 우리를 보면 엄마가 미쳐 아이들까지 데리고 나왔다 보다 하다가도 까르르거리며 노는 것을 보고는 웃으며 지나가곤 했다.

엄마가 앞장서서 일부러 나가 함빡 적셔 들어오면 일거리가 산처럼 쌓인다. 하지만 우리가 누린 기쁨은 태산이 되어 우리 마음에 남는다. 비 놀이 뒤에 집 안으로 바로 들어와 따뜻한 물로 씻고, 뜨거운 차를 마시고, 이불로 몸을 싸고 마주 보는 우리는 행복에 폭 빠져 헤어 나올 수가 없다. 그 기쁨을 아는 우리에겐 일이 대수가 아니다.

그 어린 시절의 추억이 있는 태경이에게는 앤 공주의 바람이 안타까웠을 것이다. 아이는 어린 시절 원 없이 해 보았던 그 비 놀이의 기억을 지울 수 없을 것이다. 그래서 그 기쁨을 누리지 못한 앤을 위한 비 맞기는 아이 성에 찰 때까지 계속될 것이다.

▶ **식혜 만들기** ∙ ∙ ∙ ∙ ∙ ∙ ∙ ∙ ∙ ∙ ∙ ∙

아이들이 조물조물 손으로 무엇인가를 만드는 일은 손끝의 신경들을 자극해서 대뇌의 발달을 촉진한다고 한다. 요리나 두꺼비집 놀이같이 손으로 주무르고 오리고 자르는 소 근육 운동은 아이의 두뇌 발달을 돕는다. 마치 우리 옛 어른들이 아이들에게 시켰던 '잼잼, 곤지곤지' 처럼.

아이들이 어렸을 때 내가 음식을 만들면 그때는 아이들 세상이었다. 찹쌀 경단 빚을 때, 수제비 만들 때, 아이들은 당연히 자기 차지라며 내 옆에 자리 잡고 앉는다. 나는 김치 담글 때도 아이들을 옆에 앉혀 놓고 들어가는 재료와 써는 법을 일러 주고, 고춧가루 넣기 전에 주무르게 해 주었다. 그러다 보니 김치 담그는 날은 아이들이 미리 자리 잡고 앉는다. 아이들이 초등학생이 된 후에는 우리 셋이서 김장을 하기도 했다.

고기 경단을 만드는 것도 역시 아이들 몫이다. 아이들은 두 팔을 걷어붙이고 작정을 하고 덤빈다. 그러면 요리하는 방법뿐 아니라 식품의 특성과 재료의 생산지에 대해서도 배우게 된다. 물론 시간이 오래 걸리고, 내가 주의를 주고 또 아이들이 아무리 조심을 해도, 주방은 바로 엉망이 된다. 하지만 재미있게 놀았고 머리를 좋게 한다는 소 근육 운동은 엄청나게 많이 했다.

식혜 만들기도 재밌는 놀이다. 아이들이 "단술(경상도 방언)해 줘" 하면 엿기름을 양푼에 넉넉히 넣고 물을 부어 놀이 삼아 함께 주물렀다. 그 물을 가라앉혀 고두밥에 부어 삭혀 낸 후 끓이며 상태를 하나씩 살피고 엿기름 따위의 이름을 익히며 기다림을 배운다.

냉장고에 넣고 시원하게 식혀 먹으려면 하루가 꼬박 걸리고, 뜨거운 상태로 먹는다 해도 반나절은 걸린다. 주물러 놓은 엿기름물은 빨리 가라앉으라고 아무리 소리 질러 요란을 떨어도 빨리 가라앉지 않는다. 그저 기다리는 수밖에 없다. 아이들은 놀다가도 심심하면 한 번씩 와서 들여다보며 얼마나 가라앉았나 살핀다.

'아, 가라앉는 데는 시간이 많이 걸리는구나.'

말하지 않아도 아이들은 시간이 흘러야 무엇이 된다는 원리를 배운다.

밖에 재료를 사러 가는 것도 재미있다. 고물고물 예쁜 두 아이 손을 잡고 나서는데 아이들이 어디에서 엿기름을 사나 살핀다.

'아하, 떡만 파는 줄 알았는데 방앗간에서 엿기름도 팔아요. 밥에 넣어 먹던 보리에 싹을 낸 거래요.'

한두 번만 이런 놀이 겸 요리를 하면 아이들은 뭐든 잘 기다린다. 무엇 하나가 만들어지려면 그에 맞는 시간이 필요하다는 세상 원리를 깨닫게 된다. 편리하고 신속하지만, 만드는 재미도 없고 대가는 엄청나게 치러야 하는 패스트푸드에 비할 바가 아니다. 가게에서 그냥 산 깡통 음료와는 차원이 다르다. 방앗간에서 엿기름을 산 다음부터는 다른 상점에서 무엇을 파는가 살피게 된다.

▶ **구름이불 만들기** . . . .

　소창은 힘이 없어 모양새는 볼품없어도 보드라운 촉감은 이불로 쓰기에 아주 그만이다. 특히 분무기 염색을 하기에는 제격이다. 작은 소창 아기 이불을 물에 적셔 둔다. 거기에다 신문지로 구름 모양을 오려 얹어 놓는다. 분무기에 물에 탄 파란색 염료를 넣어 뿌려 주면 파란 하늘이 뭉게구름 위에 나타난다. 아이들과 만들기 딱 좋은 이불이고 놀이이다. 하늘이 내 배 위에 있다. 분명 아이들은 그 이불을 덮고 행복한 꿈을 꿀 거다.

　뜨개질, 바느질도 재미있는 놀이이다. 엉성하지만 뜨개바늘과 실을 아이들에게 주어 놀게 하고 두꺼운 바늘로 그림도 그리고 숫자도 쓰게 했다.

　초등학교 2학년 때 홍원이는 누나를 따라 레이스를 꿰매 향기 나는 마른 꽃을 넣은 포푸리를 만들어 지난해 담임선생님께 스승의 날 선물을 했다. 홍원이는 지금도 바느질 솜씨가 여간 꼼꼼하지 않다. 태경이는 십수 년 전에 뜬 털실 목걸이를 아직도 가지고 있다.

　두 아이가 초등학교 3, 5학년이 되었을 때는 나무로 된 사과 궤짝으로 개집을 만들었다. 프랑스 풍 경사 지붕을 만들어 멋도 더하고,

스텐실 물감으로 화사한 색을 칠하고, 입구에 문패처럼 강아지 발자국을 그려 넣기까지 했다.

이렇듯 아이들은 손으로 만들며 느끼고 배워 간다. 엄마는 그런 아이들이 나래를 펼 수 있도록 옆에서 도와주면 된다.

▶ **박물관 탐방** · · · · · · · · · · · ·

아이들과 박물관에 가면 손으로 쓰기보다 눈으로 보고 마음속으로 즐기고 오게 한다. 아이들이 적는 데 열중하다 보면, 다른 것을 마음에 담을 수 없다. 박물관에 가기 전에 나는 아이들에게 '엄마는 어렸을 때 청자가 아주 영롱하다고 해서 한껏 기대하고 갔는데, 푸르누런 색깔이 너무 아니었어. 그래서 실망하고 대신 다른 예쁜 걸 찾아다니게 되었어. 그때 발견한 게 작고 정교하며 영롱한 색깔을 띠는 유리 사리함들이야. 아직도 박물관에 가면 흥분된 마음으로 살펴본단다'는 등의 얘기를 해 주며 관심과 흥미를 갖게 해 주었다.

또한 박물관 전체를 보기보다는 관심 있는 전시관을 들여다보고 즐기게 했다. 공부하러 가는 것이 아니라 놀러 가는 것이라는 생각이 들도록 말이다. 그래서 아이들은 어디를 가든 다 봐야 한다는 부담감 없이 '오늘은 어떤 재미있는 것을 볼까' 하며 기대에 찼다. 이렇게 하니 엄마나 아이나 부담이 없었다. 마치 즐거운 소풍과 같았다.

고등학교 때 수학여행을 간 홍원이는 울주 반구대 암각화를 만지며 그것을 조각하던 수천 년 전 청동기시대 사람과 시간은 달라도 같은 공간에 있다는 사실에 전율을 느꼈다고 했다. 어린 시절 문화 체험이 아이 마음속에 내재되어 있다가 훗날 이렇게 자연스럽게 나타나게 된 것이다.

▶ **기계와 대화하기** ‧‧‧‧‧‧‧‧‧‧‧‧‧‧

아이들이 어렸을 때 은행에 가면 아이 눈높이에는 벽밖에 없어 아이를 접수대 위에 앉혀 사람들이 무슨 일을 하는지 보게 했다. 밑에서는 보이지 않았던 곳에 새 세상이 있고 여러 사람이 자기를 보고 웃는 것을 보는 일은 분명 즐거운 일일 것이다. 좀 자라자 아이는 현금 자동 인출기를 퍽 궁금해했다. 현금 자동 인출기는 아이들에게 좋은 교육 자료이다. 가정 경제를 이해하고 기계를 다루는 법을 알게 해 주는 것이다.

기다리는 사람이 없으면 아이들에게 번호를 하나씩 눌러서 기계와 대화하게 해 주었다. 서두른다고 또는 소리 지른다고 기계가 말을 듣는 것은 아님을 깨닫게 되면서 아이들은 기계의 지시에 따르고 기계의 속도에 맞추게 된다. 엘리베이터가 그렇다는 걸 이미 아는 아이들이라 잘 기다린다. 둘이 한꺼번에 버튼을 누르면 기계가 말을 듣지 않을 때도 있다는 것도 경험하였기에 남매가 서로 먼저 하려 하지 않고 차례대로 한 개씩 버튼을 누른다. 사실 엄마가 덤비지 않으면 아이들도 안 그런다. 몇 번 덤비다가도 질서가 잡히게 마련이다. 나는 기계 앞에 기다리는 사람이 없을 때, 시간이 많을 때, 아이들에게 기계를 만질 기회를 주었다. 말하지 않아도 아이들은 은행에 가면 지금 자기네가 기계와 놀 수 있는 상황인지 아닌지 알게 되었다.

놀이 공원에 가야만 노는 것이 아니다. 우리가 평소에 늘 가는 곳에서도 짧은 시간을 꿈같이 놀 수 있다. 훗날 아이는 그렇게 익숙해진 은행에 자연스럽게 드나들어 저금을 퍽 많이 했다. 기계와 대화를 잘한 아이들은 남의 말에도 귀를 잘 기울인다. 너무도 자연스런 현상이다.

불과 얼마 전까지 내게는 말을 알아듣는 컴퓨터가 있었다. "이거 써" 하면 워드를 쳤고 "이거 보내" 하면 메일을 발송했다. "열어" 하면 내가 찾고자 하는 자료들을 다 펼쳐 줬다. 나는 컴맹이었고 아이들이 내 말을 알아듣는 컴퓨터였다.

나는 컴퓨터를 하다가 여차하면 아이들을 불러냈다. 아이들은 그런 내 요구를 친절하게 다 들어주었다. 인터넷이 '참을 인 자 인터넷'이라더니 아이들이 그 참을 인을 이겨 내서 그런지 내게 그렇게 자상하고 좋은 선생일 수 없었다. 그런데 선생이 너무 좋기만 하니 학생이 발전이 없었다. 아이들이 유능한 선생은 못 되는 모양이었다.

"손가락은 꼭 자판에 올려놓고 치세요" 해도 나는 또 독수리 타법으로 나간다. 일이 꼬여 자료를 못 찾아 헤매다가 놀러 나간 아이들을 불러들여도 아이들은 두 번 세 번 친절하게 가르쳐 주기만 한다.

내가 아이들을 가르친 지 십 년 만에 내가 아이에게 배우는 '기계와 대화하기'는 참으로 어렵다. 악질 선생을 만나면 쉬웠을까? 겁먹거나 치사하고 아니꼬워 오히려 더 잘하게 되었을 텐데…….

기계와 대화하기. 아이가 어릴 땐 엄마가 아이를 가르치지만, 세월이 흐르면 아이가 엄마를 가르치나 보다. 내가 참을성 있게 부드럽게 가르쳤더니 아이들도 내게 언제나 부드럽다. 그 어느 경우든, 좋은 대화를 함께 나누는 건 행복하다. 나는 아이들 덕분에 컴퓨터를 두려워하지 않고 편안하게 배울 수 있었다. 배울 때를 떠올리면 지금도 과정 하나하나가 행복한 미소로 피어오른다.

원 없이 놀게 한다

어렸을 땐 놀아야 한다. 노는 게 공부다. 선행 학습을 위해 돈과 시간을 투자하고 아이를 구속하는 대신 아이 본연의 임무인 놀기에만 열중하게 하면 오히려 훗날 좋은 열매를 얻는다. 홍원이가 그랬다.

홍원이는 5학년이 될 때까지 눈에 띄지 않는 그냥 그런 아이였다. 1학년 때는 자기 반에서 저 혼자만 받아쓰기 50점을 맞는 일도 부지기수였다. 그 당시 나는 아이가 위축될까 봐 틀린 문제나 다시 한 번 받아쓰게 하고는 그냥 두었다.

"이젠 알지? 됐다. 다음엔 더 잘하자."

사실 나는 아이가 철자와 발음이 다른 단어들을 받아써서 반이라도 맞추고 오는 게 더 용하게 여겨졌다. 다만 아이가 '난 원래 못하는 아이야' 하며 자신감을 잃는 것은 경계했다. 그래서 작은 장점도 발견하여 많이 칭찬했다. 초등학교 4학년 때쯤, 내가 아이에게 쓴 편지에는 축구 잘하고 무럭무럭 잘 자라는 아이를 칭찬하며 '엄마의 단 하나 소원은 홍원이가 밥을 꼭꼭 씹어 먹는 것'이라고 쓰여 있다. 칭찬을 많이 들은 홍원이는 티 없이 살았다. 누구 앞에서나 당당했다. 나 역시 당당했다.

강의 중에 간혹 엄마들은 그런다.

"아이가 공부 못하면 학교에서 주눅 들어요. 기죽어요."

"누구에게요?"

"선생님께도 다른 엄마들한테도……."

"공부 잘 못하니까 선생님이 가르치는 건데 왜 주눅이 들어요? 더구나 다른 엄마들한테는 더더욱. 아이가 공부 잘할 수도 있고 못할 수도 있어요. 그 엄마가 우리 아이 길러 주는 것도, 가르쳐 주는 것도, 학비를 내 주는 것도 아닌데 주눅 들거나 기죽을 일 아니죠."

"그래도 기죽어요."

"아이의 좋은 점을 찾아봐요. 그리고 자신감을 가져요. 지금 눈에 띄는 공부에만 몰두하지 말고."

그리고 한 사례를 들었다.

"제가 아주 좋아하는 한 선배는 아이가 공부를 너무나 못하여 서울에서 학교를 배정받지 못하고 서울 근처 다른 도시의 고등학교에 가게 되었지요. 안타까워 몇몇 사람들이 위로를 하러 왔더래요. 그런데 그 선배는 '나 위로받을 일 없어요. 우리 아이가 공부 조금 못할 뿐 문제가 없는데 내가 왜 위로를 받아요?' 하며 물리쳤다고 했어요. 그 씩씩한 선배의 아이는 지금 아주 잘나가는 일꾼이 되어 있어요. 보기에 성공하지 않았더라도 참 삶을 사는 어른이 될 건 분명했지요. 엄마가 그렇게 믿어 주니. 공부 못하는 것 주눅 들 일 아니에요. 아이가 거짓말하고 공격적인 것은 걱정해야 되겠지요. 그것도 어린 학생이니 함께 가르쳐서 바로잡으면 됩니다. 그래서 선생님이 있고 학교가 있는 것 아닙니까?"

하긴 나도, 서울하고도 강남 사교육 폭풍의 한가운데서 '노는 것이 최고'라는 믿음과 의지를 갖고 사는 게 그리 쉽지만은 않았다. 두 돌만 되면 글 읽기 과외에 바로 이어 영어 과외를 시키는 열풍 속에서. 아니, 태교 과외까지 시키는 이들도 있었다. 그래도 나의 굳건한 소신은 '내 아이를 사육하지 않겠다'는 거였다. 설사 성적이 좋지 않더라도.

학교 공부 끝나고 학원에서 많은 시간을 또 보내야 하는 아이들이 가여웠다. 그 돈 대느라 허리 휘는 아빠가 안쓰럽고, 그 가운데서 아이들 교육 정보 구하러 동분서주하는 엄마들이 안타까웠다.

우리 가족은 날마다 행복하고 평화로운 생활을 하길 바랐다. 아이가 자유로운 영혼을 갖고 편안하게 자라게 도와주고 싶었다. 대신 아이가 관심 갖는 것은 언제 어디서나 하게 하고 호기심을 자극할 만한 일을 많이 제공해 주었다.

소파에서 뒹구는 아이를 장 보러 가자고 일으켜 생선 가게에 가서 아귀가 머리에 달린 촉수로 다른 물고기를 꼬여 잡아먹는 법을 말해 준다든지, 놀기에 열중하여 책 볼 시간이 없는 아이에게 화장실에서 나마 보라고 화장실에 바구니 서고를 만든 것처럼. 지금의 상태가 답답하여 아이를 야단치기보다 상태를 환기시켜 다른 환경을 만들어 주려 했다.

'뭐 전업 주부니까 가능하겠지'라고 생각할 수 있겠지만, 그건 아니다. 나 역시 많은 시간을 밖에서 지내야 하는 사회 활동가다. 아이에게 젖을 물리던 영아기 때만 집중적으로 함께했지, 많은 시간을 아이를 따라다니며 아이만 지키며 보내지는 못했다. 아이와의 관계는 양보다 질이다. 아이는 놀면서 온갖 것을 다 찾아낸다.

홍원이는 자라는 동안 맘껏 놀았다. 축구를 좋아하는 아빠는 아이와 공을 갖고 놀았다. 홍원이는 원래 운동을 싫어해서 누가 축구라도 하라고 하면 내 치마를 붙들고 숨던 아이였다. 그런데 축구광인 아빠와 놀면서 차차 공에 익숙해졌다. 재미를 느끼기 시작하니 점차 운동장에서 보내는 시간이 길어졌다. 등교와 운동을 싫어하던 아이가 초등학교 2학년이 되니 학교 운동장을 하루 종일 지켰다. 변신 자체가 기특하여 그대로 두었더니, 어느 날부턴가 운동장에서 많은 아이들을 데리고 놀았다.

나는 홍원이와 아이들이 축구 대회에 참가하는 날이면 만사를 제치고 따라다니며 응원했다. 한데 홍원이가 있는 팀은 4학년이 될 때까지 시원하게 이겨 본 적이 없었다. 그래도 좋아하는 것이 있으니 그것만으로도 감사하고 행복해했다.

놀기 위해 운동장을 지키던 홍원이는 항상 또래 아이들이 필요했다. 학원을 다니는 아이들이 짬을 내서 운동장에 나와 놀 때, 홍원이는 그 귀한 시간을 내서 잠깐 노는 아이들을 다시 부르기 위해 있는 꾀를 다 짜내어 재미있게 놀았다. 아이라 하더라도 생각이 없는 것이 아니므로, 먼저 아이와도 놀이의 맥을 유지하면서 새 아이와도 잘 놀 방법을 강구했다. 잠시 놀다 가는 아이들은 놀이 전체를 가늠하지 못해 대부분의 경우 홍원이에게 자기가 어떤 역할을 해야 하는지를 묻지 않을 수 없었다. 놀이 인원이나 대상은 늘 바뀌지만, 우리 아이는 운동장에서 주축이 되어 온갖 상상을 하며 여러 아이들과 날마다 새롭게 놀았다.

  홍원이는 다음엔 어떤 놀이를 할까 머리를 쓰며 살았다. 그러다 보니 자연스레 또래들을 이끄는 방법을 알게 됐다. 언제나 묘안이 넘쳐 났다. 운동장에서 머리 굴리기를 엄청나게 한 결과이다. 초·중·고 전교 회장을 하게 된 힘 역시 운동장에서 길러졌다.

  아이는 멀리 바라보고 길러야 한다. 믿고 기다려 주고, 잘하는 것을 찾아 칭찬하고 용기를 북돋워 주고, 자라는 동안 원 없이 놀게 해 줘야 한다. 빈둥빈둥 쉬는 것마저도 삶의 윤활유가 된다. 살아가면서 놀 줄 알고 쉴 줄 아는 사람이 되어야 한다. 공부나 일보다도 그런 것을 먼저 익혀야 한다. 그래야 행복한 삶을 누릴 수 있다.

오늘보다 내일이 더 나아지도록
자신감을 북돋워 준다

큰아이는 1년 정도, 작은아이는 한 학기만 유치원에 다녔다. 아이들이 유치원에 별 흥미를 느끼지 못하기에 더 보내지 않고 그냥 놀렸다. 두 아이는 집에서 뒹굴기도 하고 엄마 모임에 따라다니기도 했다.

그런데 또래들과 어울리지 못해서 그런지, 아니면 발표할 기회를 갖지 못해서 그런지 아이들은 초등학교에 들어가 발표를 잘하지 못했다. 사실 난 아이의 그런 모습을 짐작도 못하고 있었다. 집에서는 그런 일이 없었기 때문이다. 선생님은 발표만 시키면 태경이의 목소리가 다 기어 들어간다고 내게 알려 주셨다. '아이가 발표력이 전혀 없다'는 선생님 말씀에 귀 기울이고 선생님께 부탁드렸다.

"선생님, 수업 시간에 말하기 듣기 있잖아요. 잘 부탁드려요. 저도 태경이 발표 잘하게 신경 쓰겠습니다."

나는 학교를 믿었다. 또한, 발표력에 대해 신경은 쓰되 아이에겐 아무 일도 없는 듯 대했다. 아이에게 '너 발표력 없어 걱정이래' 하고 말하는 순간 아이는 발표력을 회복하기 더 어려워진다. 주눅이 들어 불안하므로. 아이가 모른다면 별일 아닌 듯 쉽게 나아진다.

나는 그때부터 아이가 무슨 말을 하면 더욱 관심을 기울여 들으며 "잘했네. 자, 여기 똑바로 서서 다시 한 번 말해 볼래?" 또는 "조금 큰 목소리로 말하면 더 좋겠다"는 정도의 의견을 달았다.

때론 발표를 두려워하는 아이에게 용기를 북돋우는 말을 하기도 했다.

"태경아, 말해 봐. 다 네 말에 귀를 기울이고 있어. 그리고 모두 네가 잘 말하기를 바라. 다 똑같은 너의 친구들이야."

"학교에서 다 가르쳐 주니까 시간이 지나면 발표를 더 잘하게 될 거야."

2학년이 된 후에도 태경이의 발표력이 부족하다는 말을 들었다. 그래도 기다리며 조바심 내지 않았다. 2, 3년 뒤에는 좋아지겠지 하는 마음으로 바라보니 안달하지 않고 기다릴 수 있었다. 하루아침에 달라지지는 않겠지만 날마다 보이지 않게 좋아지리라 생각했다. 3

학년부터는 태경이에게 자신감이 많이 생겼다. 해마다 조금씩은 나아졌다. 슬슬 발표를 하기 시작했고 4학년이 되어서는 학급 임원이 되었다.

특히 5학년 때 연극을 배우면서 아이는 180도 다른 사람이 되었다. 우연히 시작된 일이었다. 아이가 갑자기 성당에서 연극을 하게 되었다더니 한 달을 날마다 연극에 빠져 살았다. 태경이는 그때부터 완전히 다른 아이가 되었다. 더는 그 아이에게서 모기 소리를 상상할 수 없었다.

발표력 같은 것은 너무 조바심을 낼 일이 아니다. 시간이 걸릴 뿐이지 준비하면 곧 해결된다. 그러니 아이가 스스로 해낼 시간을 준다는 마음으로 엄마는 느긋이 기다려 주어야 한다. 우리 아이는 나중에는 발표력이 아주 좋아져 뮤지컬, 노래 공연을 앞두고도 떨지 않았다. 중학생 때는 전교 회장 선거에 나가고 고등학생이 되어서는 국제 포럼에서 한국 대표로 결의문을 낭독하고, 세계 청소년 축전에서 개막 선언까지 하게 되었다. 대학 신입생 때는 세계 포럼에 여섯 차례나 한국 대표로 참여할 정도로.

홍원이 역시 조용한 아이였다. 발표도 그러려니 했다. 멀리 보아 이 아이 역시 학교를 다니니, 또 날마다 자라니, 오늘은 어제보다 낫고 또 내일은 오늘보다 낫겠지 생각했다. 발표 못한다고 조바심 내지 않으며 여유로운 가운데 아이는 학교에 다녔다.

  3학년 때 종이접기 박사 담임선생님과 종이접기 공부를 하더니 아이는 아주 명랑하게 학교생활을 했다. 그러다가 달리기와 축구, 야구 등 운동을 하며 아이들과 잘 어울리더니 발표력까지 자연스레 갖추게 되었다. 학교에서 배운 말하기 학습으로도 충분했다.

  뭐든 다 잘하도록 미리 가르쳐서 보낼 필요가 없다. 학교에 정규 교육을 받은 선생님이 계신다. 엄마는 칭찬으로 용기만 북돋워 주면 된다.

선행 학습보다는 적기 교육이 낫다

단오 무렵은 논두렁에 콩 심는 시기이다. 빨리 수확하려 그 이전에 심으면 덩굴은 무성한데 콩알이 열리지 않는다. 제날에 심은 콩은 풍성하게 많은 열매를 맺는다. 또 제철 음식을 먹이면 아이들이 건강하게 잘 자란다. 제철 음식이 양분도 많지만 철에 맞게 작용을 하기 때문이다. 여름에 보리를 먹으면 몸이 시원해져서 더위가 겁나지 않고 부채를 쓰지 않고도 여름을 잘 날 수 있다. 마찬가지로 나는 아이들에게 적기 교육을 하여 최고의 효과를 보았다. 그 적기는 아이가 교육받기를 원하는 시기이다.

"남들처럼 키워라. 내 아이만 천재라 생각해 유난하게 말고."

친정아버지께서 태경이를 낳자 내게 하신 말씀이었다. 아이를 아이답게 키웠으면 하는 바람을 말씀해 주신 거다.

그런데 말씀대로 남들처럼 키울 수는 없었다. 아이가 너무 소중해서 함부로 키울 수 없었다. 아버지는 요즈음 상황을 모르고 평범하게 키우란 뜻으로 하신 말씀인데 그 당시 우리가 살던 잠원동은 아이들 대다수가 너무나 이른 나이에 음악, 미술, 체육, 영어 등 여러 가지 조기교육을 한꺼번에 받고 있었다. 그러나 난 남들처럼 키울 수 없었다.

아이가 편안하게 잘 자라도록 도와주는 일이 엄마의 첫 번째 역할이다. 미처 자라지도 않은 아이에게 많은 것을 가르칠 필요는 없다. 그건 나중에 해도 된다. 우선은 즐겁게 잘 자라는 게 우선이다. 이런 바탕을 충실히 해 놓으면 공부는 절로 된다. 아이에게 필요한 것이 보일 때 그때 가르쳐도 늦지 않다. 엄마는 아이가 정말 원해서 하고자 할 때, 도움을 필요로 할 때, 그럴 때 조금 거들어 주면 된다. 그때란 엄마가 애정을 갖고 아이를 잘 들여다보면 보인다. 욕심내지 않고 들여다보면 어느 엄마나 다 알 수 있는 때가 있다.

이런 확신이 있었음에도 미래는 알 수 없는 것이어서, 나 역시 밤잠을 설친 날이 있었다. 모두 다 하는데 나만 안 시키는 것이 잘하는 건가?

'내가 잘못 키우는 것은 아닐까? 정말 큰일을 할 천재 새싹을 내가 방치하는 것은 아닐까? 이 아이를 제대로 안 챙겨 주는 게 아닐까?' 하는 불안감이 엄습해 오기도 했다.

그럴 때마다 내가 떠올린 생각은 '조기교육과 사교육이 망쳐 놓은 세상에서 우리 아이들 역시 고뇌하고 몸부림치며 살아야 한다. 나부터라도 이상적인 교육, 삶을 살아야 한다'였다.

그렇게 생각하면 언제나 힘이 생겼다. 마음이 흔들릴 때면 이런 다짐을 하였다. 꼬일 대로 꼬인 현실을 그래도 누군가는, 다만 한 사람이라도 풀어야 할 것이 아닌가. 자신의 아이를 진정 사랑하는 사람부터. 그러면 우리 아이들이 부모가 되었을 때 자식 교육을 편히 할 수 있지 않을까. 나는 그렇게 생각하며 희망을 가졌다.

교육은 아이가 가장 하고싶어 할 때가 제때다. 너무 안 하려고만 하면 가끔 동기 유발을 해 줘야겠지만, 그것도 시기에 너무 연연할 필요는 없다. 자라나는 어린아이에게 필요한 건 배울 거리와 놀 거리에 대한 흥미와 재미, 자신감, 칭찬이다. 그게 아이의 평생 자산이다.

또한 부모가 어느 정도의 시간적, 경제적 여유가 있다면 음악회나 미술관을 자주 찾거나 여행하면서 일상에서 배우고 습득하게 하는 게 조기교육을 하는 것보다 더 나을 것이다.

단, 아이 교육을 위해 따로 시간을 내기 어려운 부모라면 때에 맞는 적합한 교육을 찾아 시켜야 한다고 생각한다. 꼭 필요하다고 생각되는 것 한 가지를 선택해서 시키고 나머지 분야는 늘 칭찬으로 흥미를 갖게 하는 게 아이와 부모 모두에게 좋다. 모든 일은 자신감이 하는 것이다. 한 가지 일을 잘 해낸 아이는 대개 다른 일도 흥미를 갖게 마련이고 골고루 잘한다.

유치원을 다니지 않아서 늘 한가한 태경이에게 여섯 살 때 피아노를 배우게 한 적이 있다. 소 근육 운동을 하는 데 도움도 되고, 음감도 빨리 깨우칠 것 같아서 피아노 정도는 일찍 배워 두는 게 좋다고 생각했던 것이다.

아이는 아주 즐거워했다. 그러나 여섯 살부터 거의 3년을 배우고 네덜란드에 갔다 오니 피아노를 전혀 배우지 않은 듯 아무것도 몰랐다. 3학년 가을에 다시 처음부터 시작했는데, 어린 나이에 3년 배운 걸 단 몇 달 만에 끝냈다. 머리가 크면 짧은 기간 내에 해낼 것을 어린 나이에 배우느라 긴 시간과 많은 돈을 투자했었다. 적기에 시키는 교육이 훨씬 효과적이라는 걸 그때 알았다. 그래서 둘째 홍원이에게는 초등학교 2학년 때 음악 교육을 권했다.

홍원이에게도 악기를 가르쳐야지 싶어 피아노를 하겠냐고 물으니 배우는 게 싫어서 그 순간을 모면하려고 '난 바이올린 할 거야' 했다. 아이의 속마음을 알긴 했지만 아이의 말대로 바이올린 선생님을 찾아갔다. 그 즈음이 악기를 배우기에 적기라 생각했기 때문이다. 악기도 한 가지 정도는 하는 것이 좋아 아이를 독려하며 끌어 주었다. 선생님이 자신이 아는 동요들을 활로 실을 문질러 연주하니 신기한지 아이는 곧 즐겁게 바이올린을 배웠다.

좋은 선생님을 어떻게 찾을까? 내 경우는 시간이 걸리더라도 주변 분들에게 소개를 받아, 가르치는 것을 직접 보고 정했다. 경력도 내가 확인했다.

악기 하나를 배우니 두 아이는 스카우트에서나 성당 같은 데에서 자연스럽게 다른 악기를 대하게 되었고, 악기를 다루는 일에 두려움이 없어졌다.

태경이가 예비 중학생이 될 무렵엔 기자인 동생의 권유로 미술을 가르쳤다.

"언니, 내가 취재해 보니까 중학생 미술이 초등학교와는 차원이 다르대. 그래서 아무것도 안 해도, 미술만은 한번 살펴 주래."

내가 선택한 선생님은 미국에서 1년 살다 온 화가이고, 태경이 초등학교 1학년 때부터 좋은 친구인 정윤이의 엄마다. 내가 그를 택한

건 엄마들이 아이들을 더 푸근하게 가르친다는 것을 알기 때문이다.

우리 아이 둘을 부탁하니, 그는 자신의 딸을 함께 데려와 우리 집에서 바로 미술 지도를 시작했다. 한 달 동안 여덟 번에 걸쳐 다양한 화법을 아이들에게 즐기게 했다. 그 후 아이들은 더 이상 별도의 미술 교육 없이도 미술 시간에 상상의 날개를 마음껏 폈다. 머리카락으로 물결을 표현하는가 하면, 한지 그림을 그릴 때도 한지를 뜯고 말아서 평면이 아닌 입체적인 자신만의 작품들을 만들었다.

태경이는 오래도록 수영을 못했다. 물에서 놀기는 하지만 코를 잠겨 가며 헤엄치는 것은 아주 두려워했다. 유치원 대신 체육 시설에 가려고 했다가 그곳 수영 코치가 빨리 물에 들어가라며 애를 머리 위로 번쩍 들어 올려 던지려고 해서 겁을 먹은 적이 있다. 그 뒤로 중학교 2학년이 될 때까지 다시는 수영을 배우려 하지 않았고 나는 아이를 그대로 두었다.

그러던 어느 여름날, 스카우트의 바다 캠프에 참가하게 되면서 수영이 필수다 싶었는지, 캠프 가기 전에 수영을 배우고 싶다고 했다. 일주일에 세 번, 한 시간씩 한 달을 배우니 평영까지 해냈다. 강사의 말을 제대로 이해해 몸으로 나타낼 능력이 있을 나이에 배우니 훨씬 짧은 시간에 효과적으로 배울 수 있었다.

아기 새는 자신의 힘으로 알껍데기를 깨고 나와야 한다. 만약 사람이 대신 이 일을 해 준다면 세상에서 살아갈 힘을 가질 수 없게 된다. 준비되지 않은 몸이 환경에 적응을 못해서. 마찬가지로 세상 만물엔 뭐든지 때가 있다. 저절로 되는 때. 그때 하는 적기 교육이 제일 낫다.

아이 스스로 공부할 수 있는
힘 기르기

모든 아이는 스스로 공부할 수 있는 능력이 있다. 아이가 스스로 공부할 수 있는 힘을 키울 수 있도록 엄마가 어릴 때부터 믿고, 기다려 주고, 도와줘야 한다.

1. 많이 놀게 한다
어렸을 때 많이 놀게 하면 '생각 굴리기'를 많이 하게 된다. 놀면서 배운 지혜가 공부의 밑거름이 된다. 학교가 재밌어진다.

2. 일상에서의 경험을 중요시한다
장 보러 나갈 땐 아이를 꼭 데리고 나간다. 크고 작은 경험(문화 체험, 스카우트 활동, 혼자 떠나는 여행 등)들이야말로 공부의 밑천이 된다.

3. 자기 일을 스스로 하는 훈련을 일찌감치 시킨다
어려서부터 제 신발 끈 자기가 묶기, 옷 입기, 양말 신기, 숙제 제 시간에 끝내기 등과 같이 단순한 일부터 스스로 하게 한다. 사소한 것이라도 자신이 판단하고, 그 일을 해내는 훈련을 일찍부터 하면 청소년기에 자기 조절 능력이 향상된다.

4. 학교 수업에 집중할 수 있는 환경을 만들어 준다
학원 수업을 너무 많이 받다 보면 체력이 달려서 정작 학교 수업 시간에 집중할 수 없다. 태경이 홍원이의 경우 방과 후 시간은 쉬는 시간이나 다름없었다. 체력이 향상된 아이들은 선생님과 친구들이 모두 놀랄 정도로 수업 시간에 집중할 수 있었다.

5. 학원을 보낼 땐 원칙을 세워야 한다

뒤처지는 과목이 눈에 보이더라도 엄마는 일단 참고 기다린다. 그러면 아이가 먼저 자신의 문제를 파악하고 학원을 찾게 된다. 그때 보내는 학원 수업이 가장 효율적이다. 학원에 가고 오는 길은 대중교통을 이용하거나 걸어 다니게 하여 배운 내용을 소화할 시간을 갖게 한다.

5. 방학은 공부를 놓는 기간이다

놓을 방(放). 배울 학(學). 방학은 말 그대로 공부를 놓는 기간이다. 방학 동안 학원 순례를 시키면 정작 학기 중에는 힘이 다하여 공부에 집중할 수 없다. 방학 숙제는 학생의 본분이므로 꼭 스스로 하게 한다. 엄마는 숙제를 대신 해 주는 것이 아니라 하는 방법을 익히도록 도와주어야 한다. 그래야 아이도 자신감이 생긴다.

6. 믿고 기다리면 아이는 자기 인생을 스스로 준비한다

시험 성적보다는 아이의 행복에 집중한다. 그러면 아이들은 여유로운 마음으로 편히 공부할 수 있다. 큰아이는 평상시와 시험 때의 공부 양이 다르지 않았다. 시험 기간을 평상시에 공부한 것을 정리하는 시간으로 삼았다. 작은아이는 어렸을 때부터 체력 관리를 잘한 덕분에 시험 기간에 놀라운 집중력을 발휘할 수 있었다. 시험 며칠 전 혹은 10일 전부터 하루 12시간 이상씩 책상에 앉아 수업 내용을 정리하면서 시험 준비를 했다. 엄마가 한 발짝 뒤로 물러서면 아이는 자기 인생을 알아서 준비한다.

학원 수업보다
다양한 경험이 우선이다

선행 학습을 안 하니 우리 아이들은 학교 선생님들께 인기가 있었다. 교과 과정을 미리 배운 아이들에겐 수업 시간이 지루한 반면 미리 배우지 않은 아이들은 눈 빠져라 선생님을 바라보게 된다. 심지어 아이 앞자리에 와서 수업을 하시는 선생님도 계셨다.

또 일반적으로 생각하기에 아이가 학원에 안 가면 그냥 무료하게 있을 것 같지만 아이들은 신기한 것을 찾아내 잘 논다. 우리 집 두 아이는 2, 4학년 때 신문을 보고 3일간 마술학교에 다녔다. 비용이 제법 비싼 전문학교인데 홍보 차원에서 3일간 무료로 개방했다.

아이들은 집안 식구들을 위해 그럴싸한 공연을 펼쳤다. 손가락을 이리저리 움직여 노란 고무줄을 다른 손가락으로 이동시키기도 하고, 컵 밑에 있는 동전을 사라지게도 했다. 휴가철에는 할아버지 댁에 가서까지 공연했다. 집 안에 무대를 꾸미고 식구들에게 입장권을 만들어 나누어 준 후 입장권을 일일이 받고야 공연장에 들여보냈다. 마술사 같은 표정에 그럴듯한 손놀림으로 묘기를 부렸다. 비록 거실에서였지만 아이들은 정말 마술 공연장에 온 듯 우리를 즐겁게 해줬다.

중3 태경이는 학원에 가지 않아 집에 있는 시간이 많았다. 그동안 컴퓨터로 날마다 조금씩 수화를 배웠다. 수화를 어느 정도 익힌 다음에는 동생에게 가르쳐 비밀 얘기는 다 그것으로 나눴다. 가만 보니 엘리베이터 같은 조용해야 할 공간에서 대화를 나누는 수단으로도 썼다. 아주 쓸모 있어 보였다. 학교에 가서 친구들에게도 가르쳐 가끔 수업 중에 밀담을 나누는 간 큰 학생이 되기도 했다. 나중에 알고 보니 반 아이들 모두에게 수화 붐을 일으키기도 했다.

수화를 조금 알고 나서는 컴퓨터로 점자를 배웠다. 아이에게 왜 점자를 배우냐니까, 밤에 책 읽다가 잠들 때 불 끄는 게 귀찮으니까 점자 책을 가슴에 안고 읽다가 잠들겠다는 거였다.

'게으른 아이는 머리를 잘 쓰는구나.'

점자를 배우고 보니 그래도 생각보다는 많은 곳곳에 점자 정보가 있다는 것을 알게 되었다고 했다. 천 원짜리 지폐에는 무늬 점 한

개, 오천 원엔 점 두 개, 만 원에는 점 세 개가 있다든지. 엘리베이터 글자판과 열고 닫힘 위아래 표지에도 있단다. 뭐라고 써 있냐니까 '개, 폐, 상, 하'라고 써 있다고 했다. 캔 맥주에도 점자가 써 있는데 일반 깡통 음료와 구분하여 주류임을 알리기 위한 것이라 했다. 아이는 그래도 그런 것 정도로는 장애인이 살아가기에 역부족이라며 안타까워했다.

생각해 보면 어린 시절 학원에 억지로 보내지 않은 것이 아이의 인생에 큰 도움이 되었던 것 같다. 혼자서 해 볼 수 있는 체험이란 체험은 다 해 보았고, 그 체험을 통해 자신이 생각하고 고민해야 할 일들이 무엇인지 알 수 있었으니.

무엇보다도 과외 수업에 매이지 않아 얻을 수 있었던 최고의 선물은 태경이가 이정향 감독을 만난 거다.

5학년 2학기가 되자 성당에서 연극을 한다며 아이들을 모은 적이 있었다. 연극 제목은 「학교 가지 않는 날」. 연출은 훗날 영화 「집으로…」를 만든 이정향 감독이 맡았다. 그런데 막상 연극 연습이 시작되자 아이들이 저마다 학원에 가야 해서 진행이 순조롭지 못했다. 날마다 연극 연습에 빠지는 아이가 많자 이정향 감독은 태경이에게 여러 역할을 주었다. 또 조감독을 시켜 명실 공히 2인자로 연극을 지도하게도 했다. 우리 집에도 몇 번 전화를 해서 아이를 연극 연습에 계속 보내 주어 정말 감사하다는 말을 했다. 나는 아이에게 무료 연극 지도해 주는 선생님에게 감사 인사를 앉아서 받는 복 터진 엄마가 되었다.

오래전부터 연극이 누구에게나 필요하다고 생각했었다. 정확한 발음과 자신감 있는 태도로 자신의 생각을 말로 표현하는 데 연극은 많은 도움을 준다. 건축가이던 안소니 퀸이 자기 작품을 잘 표현하지 못해 연극을 배운 거라든지 가구를 만들던 해리슨 포드가 설명을 잘 못해 연극 학교에 다녔다는 것은 시사하는 바가 크다.

그래서 일부러 아이에게 돈을 들여 꼭 가르치고 싶은 거였는데 자연히 기회가 왔으니 얼마나 좋은가. 학원 수업보다 다양한 경험에 중점을 두니 좋은 일이 많이 생겼다.

태경이는 어린 시절 다양한 경험 덕분에 예술을 아는 사람이 되었다. 고3 때에도 연극 구경을 다니고 프랑스 뮤지컬에 심취했다. 중·고교 때는 공연을 기획했고, 대학 2학년 때는 연세 120주년 특별 연극 공연에 출연했다. 용돈을 쪼개고 쪼개서라도 좋은 뮤지컬은 자주 보러 다닌다. 그것도 맨 앞자리에 앉아 볼 정도로 애정이 깊다.

학교 방과 후 교실의 경험도 우리 아이들에겐 아주 소중했다. 우리 아이들이 다니던 반원초등학교에서는 수학 책을 일곱 권이나 내신 선생님이 무료로 아이들에게 방과 후 수업을 하셨는데 학생들을 다 학원에 빼앗겨 그야말로 파리를 날렸었다. 학교에 계신 정규교육을 받은 선생님은 도외시하고 학교 밖에서 교사를 찾으려는 사람들이 많아 그랬다. 학년에 상관없이 학생을 뽑아서 우리 아이들은 둘 다 그 선생님과 공부를 했다. 나는 선생님의 대여섯 명밖에 안 되는 귀한 학생들 가운데 두 명이나 보낸 귀하신 몸이라 선생님께 정말 극진한 대접을 받았다. 황송하게도 가끔 선생님께 감사 편지를 받기도 했다.

아이들은 어디서든 누구에게든 항상 무엇인가를 배운다. 좀 여유롭게 둔다면 아이 스스로 많은 추억을 만들고 꾸며 오히려 더욱 윤택한 일상을 꾸리게 된다.

인생의 가장 큰 조언자,
책을 친구로 만들어 준다

부모는 아이 곁에서 간혹 심하게 삐져나온 문제가 제자리를 찾도록 도와주는 조언자에 지나지 않는다. 부모에게나 자녀에게나 가장 큰 조언자는 두말할 것도 없이 책이다.

독서의 가장 궁극적인 목표는 그 내용을 이해할 뿐만 아니라 내 것으로 소화하여 참 삶을 사는 세상을 만드는 것일 것이다. 지식만 습득하는 것이 아니라 그 지식을 체득하여 제대로 쓰고 따뜻한 마음으로 녹여 자신을 돌이켜 보고 더 나은 세상을 만드는 데 일조하는 것이라고 생각한다. 이를 위해 아이들이 어려서부터 책과 가까이 지내도록 마음을 썼다.

우선, 항상 책 읽는 환경을 만들었다. 두 아이를 낳았을 때 나는 학생 신분이어서 책을 많이 읽어야 했지만 학업을 끝낸 후에도 주부로서의 역할, 환경문제, 농업 현실, 공동체 운동에 관심이 많아 그에 관한 책을 읽고 있었다. 그래서 주변에 항상 책이 있었다. 책은 들여다보기도 하지만 아이들은 책으로 성을 쌓기도 하고 탑을 만들기도 하는 등 장난감처럼 가지고 놀았다. 책을 통해 내가 너무나 많은 것을 알게 되었기 때문에, 아이들에게도 책 속의 비밀을 알게 하고 싶었다. 그래서 집 안의 책 뿐 아니라 다른 책을 보게 하려고 아이들이 어려서는 업고 안고 서점에 다녔으며, 좀 자라서는 손을 잡고 일주일에 한 번씩은 서점에 갔다. 부담 없이 그냥 둘러보고 오기도 하고 마음에 드는 것을 골라 사기도 했다. 그러한 습관 때문인지 지금도 아이들은 혼자 해외여행을 가더라도 서점에 들른다고 한다.

둘째, 책 읽는 기쁨이 무엇인지 맛보게 했다. 책 안에는 재미있는 이야기도, 슬픈 이야기도, 모험담도, 옛날이야기도, 미래 이야기도 있고 또 다양한 정보가 숨어 있다고 알려 주었다. 아이들은 여러 이야기를 즐기고, 특히 『우리 몸은 왜』, 『모험도감』, 『공작도감』 같은 것을 읽으며 지식을 습득해서 만들고 꾸미고 직접 해 보는 것을 즐기게 되었다. 책만 읽으면 많은 것을 알 수 있어 두려움이 없어지고 자신감이 생긴다는 것도 절감하게 되었다. 네덜란드로 떠나기 전에도 아이들은 책의 도움을 받았다. 아이들이 아홉 살, 일곱 살 때 아빠의 안식년을 맞아 일 년간 네덜란드에 살아야 했다. 그때 네덜란드에 관한 여러 가지 책, 특히 『먼 나라 이웃나라』를 읽고 나서 아이들은 모든 아이를 천사로 여기는 그 나라에 가서 살고 싶어하게 되었다. 또한 그 책에 소개된, 웃긴 이야기가 가득하다는 『오씨 이야기』를 사고 싶어 네덜란드에 빨리 가고 싶어했다.

홍원이가 6학년 때 발코니에 십자매를 기르게 되었을 때는 『새 기르기』 책을 사서 읽고 또 읽어 그 새의 4대 후손까지 걱정 없이 잘 키웠다. 뭐든 책 안에 정보가 다 있다는 것을 알게 된 아이들은 조사할 것이 있으면 정보가 숨어 있을 것 같은 책들을 다 꺼내 놓고 봤다. 여행을 떠나도 책부터 챙겼고 그 힘으로 장거리 배낭여행도 성공적으로 다녀오게 되었다.

셋째, 다양한 책을 접하게 했다. 겉모양이나 내용, 형식에서 꼭 어떤 틀을 고집하지 않고 여러 가지 책을 보게 했다. 책 모양은 손바닥만 한 작은 책부터 도화지만큼 큰 책까지 골고루 골랐고 천으로 된 책, 반대로 넘기는 책, 책 안에 여러 용구가 들어간 책, 책장을 열면 책 크기가 엄청나게 길어지거나 넓어지는 책을 선택했다. 만화책도 많이 선택했다. 지구 저편에도 우리 같은 사람들이 살고 있으며 그들은 어떤 역사 어떤 문화를 가지고 있는지 알게 해 주는 『먼 나라 이웃나라』, 이야기 형식의 『만화 한국사』 전집, 한자의 이치와 원리를 합리적으로 설명하면서도 우습게 그려 낸 『덩달이와 코코의 한자 탐방기』, 수학의 원리를 쉽고 흥미롭게 풀어 나간 『닥터 수학』 등이었다.

우리나라 동화, 세계 동화도 권했으나 그중 몇 가지는 멀리하게 했다. 『백설공주』, 『콩쥐팥쥐』 같은 것이었는데, 집요하게 미워하고 잔혹하게 죽이는 내용이 어린이에게 도움이 될 것 같지 않아서였다.

넷째, 책과 책 밖의 현실 세계를 연결하여 호기심을 자극했다. 달팽이를 보게 되면 아이들은 책을 보면서 그 생물에 대해 하나하나 더 알고 자세히 살펴보게 되었다. 세계적으로 유명한 열여덟 가지 건축물과 교통기관의 내부에 대한 그림책 『크로스 섹션』을 보면서 보이지 않는 것에 대한 호기심을 유발시켰다. 실제로 비행기를 탔을 때 고도가 안정된 시간에 승무원에게 부탁하여 아이들이 점보 여객기 2층과 조종실 내부를 살펴보게 하고 책을 통해 다시 확인하게 하였다. 기차를 이용할 경우에도 좀 일찍 나가 여객 전무께 부탁드려 기관실을 관찰하게 하였다. 그런 과정을 통하여 평면적인 책을 보면서도 입체적인 실제를 연상하게 되었다. 다른 건물, 복잡한 물건을 보더라도 저 내부는 대강 이러이러할 것이라고 미루어 짐작할 수 있게 되었고 한편으로는 저 내부는 어떨까 궁금해하게 되었다.

다섯째, 책은 읽는 사람의 것이며 그 내용을 소화해 행동으로 옮기는 것이 중요하다는 것을 알도록 했다. 책은 모셔 놓는 것이 아니라 읽어서 내용을 머리에 넣는 것이 중요하다고 알려 주었다. 읽고 난 책은 항상 이웃과 돌려 읽게 했다. 이웃과 나눠 보고 얻어 보았으며, 길에 버려진 책도 엄청나게 주워 왔다. 우리 큰아이가 가장 좋아했던 책, 『바다는 넓어요』와 『내 동생』도 어린 친지들에게 가 있다가 쓸모없어진 10년 만에야 너덜너덜 떨어져 기념품이 되어 돌아왔다.

마지막으로 책 읽기의 가장 중요한 목적은 '소중한 내 존재를 인식하는 것, 내가 소중한 만큼 다른 사람도 소중하고 존중받아야 할 존재임을 깨닫는 것, 그래서 더불어 살 수 있도록 노력하는 것, 이런 생각이 모두 행동으로 옮겨져 따뜻한 세상이 되게 하는 것'이라는 것을 틈날 때마다 알려 주었다.

책 읽기를 싫어한 둘째 아이
독서 지도법

첫째 아이에게 돌 무렵 여러 가지 기법으로 그려진 작은 그림동화 책 한 질을 사 주었다. 아이는 그 가운데 『바다는 넓어요』를 유난히 좋아하여 하루에도 수십 번씩 읽어 달라 하였다. 귀찮아하지 않고 읽어 주었더니 책장이 넘어가 갈매기가 나올 즈음이면 아이가 미리 알아차리고 꿱꿱거리며 갈매기 울음소리를 냈다. 내용을 다 꿰고 있었던 것이다. 읽고 또 읽었다. 아이는 자연스레 책과 친해졌다.

반면 둘째는 책을 멀리했다. 부모야 똑같이 키운다고 하지만 첫째 아이와 둘째 아이는 다른 상황에서 크기 마련이다. 둘째 아이는 태어나면서부터 엄마와 단둘이 아니라 잘 놀아 주는 누나가 있었기 때문에 책에 마음 쏠 시간이 적었다. 글자를 깨친 누나가 재미있게 책을 읽어 주었기 때문에 스스로 책을 붙잡고 읽으려 하지 않았다.

그래서 학교에서 돌아오면 꼭 동화책 한 권을 같이 읽었다. 재미있는 책을 아이에게 고르게 하여 '매일 내가 읽는다'는 생각을 심어 주려고 하였다. 언젠가는 잘 읽고 독서를 즐기겠지 하는 희망과 자신감을 갖고 서두르지 않았다. 천천히 아이에게 독서 교육을 하였기 때문에 작은아이는 심혈을 기울이는 독서 교육을 엄마와 노는 시간쯤으로 여겼다.

처음에는 내가 읽는 양이 많았지만 차차 아이가 읽는 양을 늘려 갔다. 날이 지나도 아이의 독서 속도는 별로 발전되지 않았지만 지겹지 않을 정도로 양을 조금씩 늘려 갔으며 어떨 때는 지루해할까 봐 가위바위보를 하여 진 사람이 한 장씩 읽기도 했다. 이 무렵 아이에게 주는 벌은 책 읽기였으며 내게 하는 선물도 무조건 책 읽기로 했다.

꼭 읽어야 할 기본적인 책만을 겨우 읽는 작은아이에게는 그에 맞는 수준의 책을 권하였다. 만화여도 내용이 좋다면 적극적으로 추천해 주었다.

운동에 관심이 많은 아이라 축구, 야구, 볼링 책까지 권했으며 만들기, 책을 사서 함께 만들고 꾸미고 실행해 보았다. 뭐든 관심을 비치기만 하면 그와 관계된 책을 바로 준비하여 아이에게 내놓았다. 그림이 많은 책에서 점점 그림이 적은 책, 글자가 큰 책에서 점점 글자가 작은 책으로 바꾸어 갔다.

밤마다 꼭 책을 읽어 주었으며 교육에 있어서 문외한이던 아빠마저 책을 가까이하게 하려고 작은아이에게 책을 읽어 주게 하기에 이르렀다. 그래도 독서량이 워낙 적어 아이는 3학년이 끝나 갈 무렵에도 수학 문장제 문제를 이해하지 못해 잘 풀지 못했다. 옆에서 거들어 문제를 읽어 주어야 아하 하고 풀어냈다. 이제는 놀이로 책을 대할 게 아니라 정말 스스로 읽어 낼 힘을 키워야 할 때라 여겨졌다. 이 무렵, 작은아이는 추리소설을 탐독하기 시작했다. 누나 때는 잔혹한 내용 때문에 멀리하게 했던 책이었지만 책 읽기를 싫어하는 아이가 그나마 잘 읽어 내는 책이라 읽도록 놔두었다. 추리소설의 생각 굴리기의 특성을 높이 사서 서점에서 사고 이웃에서 얻고 도서실에서 빌려 보게 했다. 추리소설로 책 읽기에 자신이 붙은 아이는 다른 책들도 읽어 내기 시작했고 덕분에 4학년 때부터 여러 모로 이해도가 높아졌다.

누나의 도움으로 과학 동화, 어린이 무협 소설 『소년 봉신방』 따위의 책까지 재미있게 읽어 내어 읽은 책의 숫자가 늘어나자, 큰아이는 빨간 스티커 작은아이는 파란 스티커를 읽은 책에 붙여 스스로 얼마나 많은 책을 읽었는지 확인하게 했다.

놀 것, 만들 것에 대한 생각이 무궁무진한 작은아이는 사실 책을 볼 시간이 없기도 했다. 화장실에 갈 때나 목욕을 하는 동안에만 다른 일을 할 수 없으니까 할 수 없이 책을 읽었다. 화장실에 가면 30분, 뜨거운 물을 좋아해 목욕도 한 시간을 넘기기 일쑤였다. 변기에 너무 오래 앉아 있거나 물에 들어가 있는 것이 염려되기도 했으나 책을 들고 집중할 수 있다면 그 또한 좋은 일이라 생각되었다. 그래서 아예 변기 옆에 책 바구니를 준비해 놓고 아이에게 읽혔으면 하는 책을 넣어 두는 욕실 서가를 만들었다. 책이 물에 젖거나 망가지는 것보다 그 내용을 아이가 익히는 것이 중요하므로, 또 새 학기 교과서를 미리 살펴 교과서에 인용된 책을 넣어 두어 먼저 읽게 했다. 아이는 무슨 일이 벌어지는지 모르고 화장실에서 일 보는 동안 손에 닿는 책들을 골라 읽게 되었다. 이건 아이의 습관이 되어 지금도 욕실엔 항상 아이가 가져다 놓은 책이 있다.

5학년이 되면서부터는 아이가 독서를 즐기는 날이 제법 많아졌다. 이때 홍원이는 육상 선수로서 신기록을 낼 때였는데 엄마인 나는 늘 '운동을 더 잘하려면 머리를 잘 써야 하고 그것은 독서를 통해서 가능하다'고 알려 주어 독서에 힘쓰게 했다.

오래도록 나와 작은아이의 책 읽기 놀이는 끝나지 않았지만 조금씩 나아지는 아이를 보는 즐거움은 남달랐다. 아이는 책 속에서 보물 찾는 기쁨을 알고 있었고 선량한 시민으로 살아갈 기틀을 잘 닦았다.

스카우트 활동은 자신감과 리더십을 키운다

태경이는 나를 닮아서인지 운동신경이 덜 발달된 것 같다. 아니, 보고 있노라면 꼭 발달시키지 않으려 노력하는 것 같다. 느릿느릿 급한 게 없다. 꼭 해야 하는 것은 하지만 운동에 관심이 없으니 잘 못한다. 그러던 태경이는 5학년 때 스카우트 활동을 시작하며 자연히 많이 움직이게 되었다. 산에 오르고 체육대회도 해야 했다. 움직이는 것을 즐기지 않던 아이가 점점 움직이는 것을 즐겨 하게 되었다.

그러던 어느 여름방학 때 한강 뚝섬으로 윈드서핑을 배우러 갔다. 자신도 자신을 아는 터라 걱정이 많았다.

"엄마, 나 못하면 어떻게 해?"

"좋은 선생님들이 세세하게 가르쳐 주시고 대장님들이 도와주실 테니 잘할 수 있을 거야."

"그래도 나 혼자 못하고 앞으로 나아가지 않으면 어떡해?"

느긋한 아이답지 않게 걱정을 하는 모습에 오히려 안심이 되었다. 하고자 하는 의욕만 있다면 되는 것 아닐까. 그래도 싫겠지. 남들은 다 잘하는데 자신만 못하면. 못하는 것도 그렇지만 혼자만 뒤에서 허우적거리고 있으면 그 꼴이 말이 아니겠지. 부끄럽기도 할 거고. 또 처지는 자기 때문에 진도를 못 나가면 다른 아이들한테 폐가 되겠지 하는 걱정도 생길 거다.

"잘할 수 있을 거야. 정 안 되면 꼴찌 하는 거지 뭐."

"……."

"네가 꼴찌 하면 딴 아이들이 '아휴, 내가 꼴찌는 아니구나. 태경이가 꼴찌니까' 하며 안심하고 좋아하겠지 뭐."

누군가는 꼴찌를 해야 하는데 자기가 그것을 해서 다른 아이들이 쟤보다는 잘해서 안도하게 된다고 하자 아이는 오히려 그 말에 용기를 얻고 가벼운 마음으로 뚝섬으로 갔다.

수영도 못하고 물을 무서워하는 아이는 의외로 잘하고 돌아왔다.

"엄마. 교관님 말씀이 구명조끼만 입으면 물에 빠져 죽으려 발버둥을 쳐도 못 죽는대요. 물에 몇 번 빠졌는데 그 말이 정말이데요."

신이 나서 눈을 반짝이며 떠든다. 꼴찌를 하겠다고 마음을 비우고 가서 그런지 많은 아이들 가운데 제일 잘 탔다고 했다. 기구에 몸을 맡기고 바람을 타고 물을 가르는 게 그렇게 재미있을 수가 없다고 했다.

 그 이후로 태경이는 다양한 운동을 체험하고 체력을 기르며 자신감도 함께 길렀다. 생각지도 않았던 경험을 하며 자신이 잘하는 종목도 있고 자신에게 잘 맞지 않는 종목도 있다는 걸 알게 되었다. 누구나 다 잘하지는 못하지만 그래도 한 종목 정도는 잘하는 것이 있다. 새로운 종목을 접할 때마다 적당한 불안감과 자신감이 아이를 흥분케 하는 것 같다.

 스카우트 활동은 자신감과 강인한 체력 외에도 태경이에게 외국어에 대한 자신감도 갖게 해 주었다. 국제 행사에 참여하면서 영어 회화 능력이 자연스레 많이 길러졌다. 중학생 때 고성에서 열린 아태 잼버리에서는 필리핀 친구들과 어울리면서 말하는 법을 배웠고, 뒤이어 열린 한일 유스 포럼 행사에서는 일본에서 온 대원들과 의사소통을 하는 동안 회화 실력이 급격히 향상되었다. 예비 고3 때에는 타이에서 열린 세계 잼버리에 세계 최연소 운영 요원으로 참석하였다. 덕분에 영어뿐 아니라 불어, 일어, 중국어, 필리핀 어까지 조금씩 구사하며 세계 각국 사람들과 어울렸다. 타이에 머무는 20여 일

동안 우리나라 대원들이 진료를 받는 걸 도왔고 방송 인터뷰도 했다.

초등학교 때부터 영어 과외를 한 것도 아니고, 따로 어학 연수를 간 적도 없지만 중학 교과 과정에서 배운 영어를 활용할 수 있는 기회가 많은 것이 태경이의 어학 능력을 높이는 데 많은 도움을 주었다.

외국인을 만나는 것에 대한 두려움이 없으니 국제 행사 어디든 갔다. 베이징에서 열린 유넵 환경 회의, 고성 아태 잼버리, 도쿄 및 브루나이에서 열린 포럼 등에 한국 대표로 참여하여 '2005 글로벌 리더십 서울시장상'을 받기도 했다.

홍원이도 스카우트 활동의 덕을 많이 봤다. 제 맘대로 놀던 아이가 4학년이 되면서부터는 조직적으로 노는 법을 배웠다. 아이들끼리 일정한 돈을 받아 정해진 시간 내에 공주 지역을 답사하고 식사도 해결하고 물가 조사까지 해 와야 하는 훈련을 다 해내기도 했다. 어떤 야영에서는 생닭을 받아 한 마리는 굽고 한 마리는 삶는 등 재주껏 요리 솜씨를 발휘해 먹기도 했다. 영하의 날씨에 비박을 하고 지도 하나 달랑 들고 집합 장소로 다시 모이는 훈련도 잘 해냈다. 어떤 때는 삼박사일 내내 사물놀이만 하고 오기도 했다. 북을 치다가 껴안고 잠이 들기도 했다는데 몇 년이 지나자 그 힘으로 학교에서 친구들에게 사물놀이를 가르쳐 '안홍원 사물놀이 패' (다른 아이들이 이름을 붙여 줬다)를 만들기도 했다. 홍원이는 중학교 1학년 때 처음 국토 순례를 떠났다. 여수에서 서울까지 버스를 타기도 하고, 걷기도 했다. 준령을 넘고 강을 건너고 노인정, 과수원에서 봉사를 하기도 했다. 내 나라 내 땅을 발로 뛰며 체험한 것이었다.

경험을 살려 고교생이 되어서도 두 번의 국토 순례를 대표와 부대표로서 참여하였다. 국토 순례를 하며 아이는 무엇과도 바꿀 수 없는 좋은 경험을 많이 했다. '햇볕보다 더 뜨거운 아스팔트 위를 매일 9시간씩 걷는 것은 지옥훈련과도 같았고, 체력의 한계를 넘어서는 고통이 따랐지만 글자로만 외고 배우던 인생무상, 자연 동화를 체험할 수 있었기에 인생에 있어 국토 순례는 꼭 해 볼 만한 일'이라고 했다. 조국 강산의 장대함에 놀라고 자신을 돌봐 준 부모님께도 고마운 마음이 가득해지는 기회라고도 했다.

고교생이 되어서는 학년 대표, 학생회장을 하느라 스카우트 활동을 하지는 않았지만, 어쨌든 많이도 놀던 아이는 스카우트 활동을 계기로 더 넓은 세계로 나가는 날개를 달게 되었다.

'정직해라' 말로도 가르친다

내가 아이들에게 했던 좋은 엄마 노릇은 돈이나 학벌이 있어야 하는 것이 아니다. 누구나 할 수 있는 것이다. 그저 사랑하고 믿어 주는 것, 언제나 자녀를 위해 두 팔 벌려 기다리는 것, 그런 엄마가 곁에 있으면 아이는 그 믿음을 갖고 긴 세월 굳건하게 살아간다. 처음 그 믿음을 오래 간직하며…….

아이들은 듣고 배우지 않는다. 다 보고 배운다. 어른들께서는 '아이는 제 부모 등 보고 자란다'고도 했다. 그래서 모범을 보여 줬을 뿐 말로 가르친 것은 별로 없었다.

그런데 단 한 가지, 행동으로 본을 보이는 것과 더불어 말로 가르친 것이 있다.

'정직해라.'

거짓말로 남을 속일 수는 있는데 나 자신은 속일 수가 없다. 나는 내가 거짓말하는 것을 알기 때문이다. 그래서 거짓말하지 말고 정직하라고 말했다. 남도 마찬가지지만 나라는 존재가 아주 귀한데 어떻게 거짓말을 해서 내 존재를 볼품없이 만드는가.

거짓말은 남을 속이기 전에 우선 나를 속이는 일이다. 존귀한 나를 존귀해지지 않게 만드는 것이다. 또 거짓말은 원래 완전하지 않다. 그래서 남을 속이기 위해 말을 만들어 내고, 그 만들어 낸 말을 지키기 위해 또 거짓말을 해야 한다. 보통 거짓말을 한 사람은 그 거짓말을 지키기 위해 20가지의 다른 거짓말을 해야 한단다. 하나의 거짓말이 얼마나 많은 거짓말을 만들어 내는지…….

남은 속여도 나를 속이지는 못한다는 말은 이해하는데 존귀하지 못하다는 것을 말로는 이해하지 못할 아이들을 위해 쉽게 예를 들어 설명했다.

'엄마가 가게에서 거스름돈으로 3000원을 받아야 되는데, 점원이 착각을 해서 7000원을 거슬러 주었을 때 더 받았다고 기뻐할 일이 아니다. 더 받았다는 것을 알면서 모르는 척 그대로 받는 것은 자신은 그 정도의 가치밖에 안 되는 사람이라는 것이다' 라고.

그렇다고 수백만 원 수억 원이 그냥 굴러 온다고 해도 그것 역시 내 것은 아니다. 나는 그 이상의 고귀하고 존엄한 존재이므로 한낱 돈 따위와 견주어질 존재가 아니란 생각을 아이들에게 확고히 심어 주는 데 마음을 썼다.

전철이나 기차를 탈 때도 값을 꼭 치렀다. 아이들이 어렸을 때는 전철을 타며 "합체" 하면 아이들이 내 몸에 꼭 붙어서 개표기를 같이 통과했다. 절대 개구멍 드나들듯 밑으로 허리를 굽혀 다니게 하지 않았다. 초등학생이 되자 어린이 표를 끊어 당당하게 돈을 내고 다니게 했다. 돈을 내는 것을 당연히 여겨 조금의 미련도 없게 했다. 그것이 자신의 가치이므로.

아이들은 그 말을 이해했다. 그래서일까? 아이들은 제 입장에서 말을 하더라도 거짓말은 하지 않는다.

아이들은 학교에서 어떤 일이 있었는지 부끄러운 일도 자랑스러운 일도 거리낌 없이 다 내놓는다. 함께 깔깔거리며. 내가 따로 판단할 필요 없이 아이들 스스로 옳고 그름을 안다. 아이라서 미숙한 점이 있을 뿐이지. 그래서 우리 아이들은 불과 얼마 전까지, 그러니까 각기 고2와 중3이 되도록 휴대전화 없이 살 수 있었는지도 모르겠다. 어디에 있건 언제 집에 오건 서로 완벽하게 믿는 구석이 있었으니까.

또 우리 가족은 작은 돈 통을 두고 산다. 거기에 항상 돈이 있고 용

돈 이외에 필요한 돈은 알아서 각자 꺼내 쓴다. 그 역시 무리가 없다. 엄마와 아이가 서로 믿고 존중하고 사랑한다는 것이 얼마나 소중한지 늘 새긴다. 믿으니 이렇게 편하다.

'정직해라. 거짓말하는 것은 어리석은 일이다' 라고만 알려 줬는데 이렇게 풍성한 열매가 내게 왔다.

보이지 않는 곳에서
수고하시는 분을 알게 한다

식당에서 소란스레 돌아다니는 아이들을 보면 안타깝다. 뭐든 재밋거리를 찾으면 어린아이더라도 의젓하게 앉아 있을 수 있는데 말이다.

사실 아이들은 오래 집중하지 못한다. 뭔가 흥밋거리를 계속 제공해야 한다. 우리 아이들 역시 어려서는 항상 두리번거리고 궁금한 게 많았다. 우리 음식은 어디서 누가 만드는지, 옆 식탁의 음식은 나왔는데 우리 것은 언제 나오는지, 날라 주는 사람이 음식도 만드는지 등등.

조리실이 지금처럼 공개되지 않고 밀폐돼 있던 예전에는 아이들의 호기심이 더욱 컸다. 아이가 궁금해하니 나는 아는 대로 대답을 했다. 사실은 미루어 짐작하여 아이에게 말해 주는 것이었다. 상상의 날개를 있는 대로 펴서 말이다.

"보통 음식을 만드는 사람과 나르는 사람은 다른 사람이야. 조리실에 있는 사람은 요리산데 아마 지금쯤 프라이팬에 기름을 붓고 채소를 볶겠지. 그리고 양념을 넣어 익힐 거야. 또 밀가루 반죽을 해서 국수 가락을 뽑겠지."

맛있는 음식을 기다리며 아이와 군침 도는 상상을 해 본다. 그러다가

"우리 부탁해서 조리실에 구경 가 볼까?"

하고 식당 종업원에게 부탁하여 주방장의 허락이 떨어지면 아이들을 몰고 조리실에 가 봤다. 아무리 아이들에게 주의를 주고 조심하게 해도 사람들이 바삐 움직이는 조리실을 오래 엿볼 수는 없다. 그래도 아이들은 여러 사람이 여러 재료를 분주히 다듬고 만져야 맛있는 요리 한 그릇이 나온다는 것을 알게 되었다.

기차를 탈 때도 혹 역에 일찍 도착하게 되면 담당자에게 부탁드려 기관실을 구경하게 했다. 기차가 달리는 동안에야 기관실이 관계자 외 출입 금지 지역이지만 출발 전에 인솔자를 대동하고 보는 것은 문제가 없다.

"실례합니다만, 아이들에게 선생님들의 수고와 노력으로 기차가 어떻게 가는지 보여 주고 싶은데 가능하겠습니까?"

보통 기관실이 어디에 있는지는 안다. 그런데 얼마나 높은 곳에 있는지는 잘 모른다. 아이들은 반겨 주는 기관사 아저씨의 도움으로 기관실에 들어 올려진다. 기관실의 복잡한 계기판 너머로 저 먼 지평선까지 이어진 구불구불한 기찻길을 한눈에 볼 수 있다. 얼마나 신나는 일인가. 구경도 하고 설명도 듣고 칭찬까지 잔뜩 받고 온다.

아이들은 객실과 기관실이 따로 있으니 기차가 그냥 가는 줄 안다. 하지만 기차 맨 앞 꼭대기에 있는 기관실을 보고 나면 뭐든 우리 눈앞에 있는 것만이 다가 아니라는 것, 우리가 편하게 지낼 때 그 누군가 뒤에서 애써 도와주고 있다는 것, 정말 각각의 장소에 많은 전문가가 계시다는 것을 알게 되고 감탄하게 된다. 아이들이 예의를 지켜 공손하게 인사하며 잘 살펴보니, 그분들이 거꾸로 우리에게 고마워하신다. 아무도 알려 하지 않는 구석을 찾아 주었다며.

기관실을 보여 주는 것만이 교육의 전부는 아니다. 아이들에게 기관사들이 노력해서 이 거대한 기차가 움직인다는 사실을 알게 하는 것, 바른 인사법을 보여 주는 것이 중요하다. 기관실 좀 보여 달라는 인사 안에 내가 하고자 하는 말을 다 담는다. 그간 내가 갖고 있던 그분들에 대한 감사의 마음을 담는 거다. '실례합니다만', '선생님들의', '수고와 노력으로' 이 인사를 받는 순간 그분들은 행복해하신다. 자신의 노고를 알아주는 사람이 있다는 것만으로도. 그리고 엄마에게 받은 감사 인사를 아이들에게 몇 배로 돌려주신다.

'함께 사는 사회'를 알게 한다

내가 20년 가까이 해 오고 있는 일이 한살림 일이다 보니 사람들은 종종 아이들에게 어떤 환경 교육을 했냐고들 묻는다.

굳이 따로 교육한 적은 없다. 다만 언제나 한살림 일을 하면서 배운 것을 실천하면서 살려고 했다. 아이들은 그 공기 안에서 자랐다. 생산지를 방문하여 흙에서 놀았고 생산자들이 우리집에 드나들었다.

불소와 각종 화학 첨가제가 든 치약 대신 죽염으로 칫솔질을 하고, 아이들과 함께 자전거를 타고, 쓰레기 분리수거를 하고, 낡지 않은 어른 옷을 재활용해서 다시 입는 등. 또 뭐든 만들어 먹고 재생 비누를 동네 사람들과 같이 만들고 그 재생 비누로 실내화를 빨고. 비 온 후 길에 나온 지렁이를 화단에 넣어 주고 죽어 있는 다른 동물을 땅에 묻고 산 동물은 데려다 기르기도 했다. 이런 일상 속에서 환경을 생각하며 사는 일들이 아이들의 삶을 건강하게 만들어 주었다.

아이들과 내가 처음으로 사람이 아닌 다른 생명에 대한 새로운 안목이랄까 인식을 갖게 된 것은 유기 농산물에 따라온 벌레를 접하면서다. 처음엔 유기 농법으로 재배된 배추에 묻어온 무당벌레가 무섭다고 세 살, 다섯 살 아이들은 눈물을 흘렸다.

"안 무서워. 무당벌레야."

잘 달래고는 자연 관찰 책 『무당벌레』를 같이 보았다. 우리가 흔히 아는 예쁘게 생긴 무당벌레는 칠성무당벌레다. 그림책에는 칠성무당벌레뿐 아니라 이파리를 먹는 무당벌레도 나와 있다. 색깔이 칙칙하고 점이 다닥다닥 많이 찍힌 것들은 잎을 갉아 먹는다.

엄마 무당벌레는 자기 새끼들이 먹이를 쉽게 먹고 자라라고 진딧물이 많은 데다 알을 낳았다. 책을 다 보고 나서는 아이들과 함께 무당벌레를 진딧물이 많은 나무에 데려다 주었다.

또 한번은 배추를 소금에 절이는데 덜그덕 하는 소리가 났다. 보니까 달팽이가 따라왔다. 나는 그간 먹을거리만 보다가 이렇게 같이 자란 자연이 따라온 것이 반가워 어쩔 줄 모르겠는데 아이들은 또 울음을 터뜨렸다.

그래도 지난번보다는 빨리 울음을 그치고 『달팽이』 책을 들고 왔다. 책을 보며 설명해 주었다.

"달팽이는 이렇게 느려. 하루 종일 몇 뼘도 못 가. 채소를 먹고 살아."

"으응, 무서운 게 아니구나!"

당근을 주면 주황 똥을 누고 시금치를 먹이면 초록 똥을 눈다. 참 신기하다. 잘 보이지는 않지만 '치설'이라는 이가 있어 사각사각 잘도 잘라 먹는다. 아이들은 이제 겁이 안 나는지 동네 아이들을 다 불러 모았다. 금방 우리 집은 작은 곤충 동물원이 되었고 아이들은 내가 알려 준 대로 다른 아이들에게 설명을 한다. 조그만 아이들이 작은 생명을 잘 살핀다.

달팽이는 제 몸이 건조해지면 달팽이 집 입구를 하얀 막으로 막아 몸을 보호했다. 아이들은 달팽이가 마르지 않도록 가끔 분무기로 물을 뿜어 주었다.

이때부터 다른 생명체에 대해 깊이 있게 생각해 보게 되었다. 살아 있는 것들이 그냥 신기하고 귀여운 것이 아니라, 한 생명체로 진지하게 다가왔다. 특히 홍원이가 달팽이의 심장이 뛰는 모습을 방송으로 보다가 내 가슴에 귀를 대며 "엄마처럼 심장이 뛴대요" 할 때는 내 심장이 멎을 뻔했다.

요 어린 것이 그걸 알다니. 맞다. 달팽이 심장도 내 심장처럼 뛴다. 모두 똑같이 소중한 하나의 목숨이다. 어떻게 사람이 하루살이보다 개미보다 더 소중한가. 다 같은 하나의 생명일 뿐인데.

태경이는 여덟 살 때 백화점에서 팔고 있는 집게가 가여워 일기장에다 '사람들이 만지면 아플 수도 있고 귀찮을 텐데. 또 가족도 보고 싶고 고향 생각도 날 텐데. 어쩌나' 하는 글을 썼다.

홍원이도 그 나이 때에 '엄마, 보도블록에 홈이 생겨서 참 다행이야. 개미는 홈으로 다니니까 사람들과 같이 다녀도 밟히지 않잖아'라고 했다.

아이들은 점점 다른 벌레들을 살피며 모든 생명체가 자신처럼 귀한 존재라 여기게 되었다. 만지면 아플 수도 있어 함부로 하지 않게 되었다. 화단 밖으로 나온 지렁이를 흙으로 돌려보내는 아이들이 다른 아이들과 사이가 나쁠 수가 없다.

유기농산물이 건강한 몸과 똑똑한 두뇌를 만든다

두 아이가 중학교 시절, 전교 학생회장 선거를 치르고 나면 다른 엄마들은 눈이 동그래져서는 궁금해했다.

"이 아이들 뭘 먹였어요?"

선거 기간 동안 회장단 후보 아이들은 며칠씩 날을 밝히며 공약을 짜고, 연설문을 쓰고, 홍보판을 만든다. 그러다 보니 대부분의 아이들은 지쳐서 존다. 반면에 우리 아이들은 지치는 법이 없었다.

신기하게도 태경이와 홍원이 모두 두 해씩 4년 동안 해마다 똑같이 그 소리를 들었다. 두 아이 다 안경도 안 썼다.

"유기농산물 먹어서 그래요."

내가 할 수 있는 대답은 이것이었다.

길거리에서 뛰어놀기만 하고 정식 선수 훈련이라곤 단 일주일도 받아 본 적이 없는 아들이 초등학교 때 전국 소년체전에서 금메달을 딴 적이 있다. 당시 한 주요 일간지에서 인터뷰 요청을 해 왔는데 그때도 하고 싶던 이야기는 '이렇게 잘 뛸 수 있게 된 건 유기농산물 잘 먹어서 그렇다' 였다.

교육보다 앞서는 것은 먹는 것이다. 평생을 거쳐 날마다 제대로 먹어야 제대로 살 수 있다. 교육은 잘못되면 바로잡을 수 있다. 하지만 입으로 들어가 아이의 심성과 골격을 만드는 먹을거리가 잘못되면 몸도 버리고 마음도 망친다. 바로잡으려면 오랜 시간과 노력, 돈이 필요하다.

나는 '의·식·주' 가 아닌, 먹는 것을 우선한 '식·주·의' 생활을 했다. 제대로 먹기만 해도 아이, 농업, 환경이 절로 살기 때문이다. 먹는 것의 절대 원칙은 다음과 같다.

| **주변에서 난 것을 먹는다** |

주변에서 난 것, 즉 국산 식품만 골라 먹어도 몸도, 세상도 어느 정도는 살릴 수 있다. 수입 식품은 재배 과정에서뿐 아니라 우리나라까지 오는 동안 엄청난 양의 화학약품이 뿌려진다.

| 제철 음식을 먹는다 |

제철 음식을 먹으면 추위도 더위도 모른다. 여름엔 겨우내 차게 자란 보리를 먹고 겨울엔 여름내 덥게 자란 쌀을 먹는다. 그런 제철 음식을 먹으면 부채 없이도 여름을 날 수 있다.

| 자연 상태로 먹는다 |

단순하게 조리해 먹는 것이 좋다. 날것으로 먹거나, 찌거나, 굽기, 데치기, 삶기 등의 조리법이 건강에도 생활환경에도 더 좋다. 감자튀김이나 맛탕보다는 찐 감자, 군고구마가 더 이롭다.

뇌세포를 파괴하는 화학조미료를 쓰지 않고, 눈의 기형 등 간 손상을 가져오는 사카린 따위가 든 가공식품을 배제하고, 아이의 성격을 난폭하게 하고 뼈를 약하게 하는 인산염이 들어간 탄산음료를 거부했으며, 인스턴트 음식을 덜 먹게 했다. 피자 같은 음식을 아이들이 굳이 먹으려 하면 얼마 만에 한 번 먹자든지 하여 기간을 두고 먹게 했다.

| 축산물을 덜 먹는다 |

축산물은 수입 식품이나 다름없다. 광우병 소동으로 한우에 대한 선호도가 높아지고 있지만 한우라고 해도 이 땅에서 숨쉬고 배설하

며 자란다 뿐이지 수입 배합사료에 의존해 살기 때문에 사실 수입 고기와 별 차이가 없다. 그래서 고기 먹는 날을 줄였다.

| 수백 년간 먹어서 검증된 것을 골고루 먹는다 |

제대로만 키웠으면 자연의 모든 먹을거리가 곧 보약이다. 『동의보감』에 보면 쌀은 기를 늘리고 속을 덥게 하며, 위장의 기능을 좋게 하여 살찌게 하며, 내장을 보하고 근육과 뼈를 튼튼하게 하며, 장과 위에 이익이 되고 눈과 귀를 밝게 하며, 혈맥이 통하게 하고 오장 기운을 고르게 하여 안색이 좋아지게 하는 약효를 가지고 있다고 한다.

우리가 그간 일상적으로 먹어 온 많은 식품이 거의 이 정도의 효능을 가지고 있다. 홍문화 박사의 저서 『무엇을 어떻게 먹을 것인가』에도 밥만 잘 먹어도 건강하다고 한다. 매일 양배추 한 잎을 먹는 이는 장수하고 집 앞에 토마토를 키우는 사람은 병을 모른다고도 한다.

| 유기농산물을 먹는다 |

화학비료와 농약을 계속 사용하면 그 땅의 생산물을 먹는 사람도 정신적, 육체적으로 약해지지만, 이어서 흙도 생산자도 힘을 잃게

된다. 또 우리가 치는 농약은 농작물이 20% 정도 흡수하고 그 나머지는 모두 물과 땅으로 들어간다. 유기농산물을 먹으면 몸뿐 아니라 마음이 건강해진다. 나도 살고 남도 살며, 환경이 사는 최고의 방법이다. 유기농은 이 세상을 우리 아이들이 살아갈 아름다운 세상으로 돌릴 수 있는 최상의 환경 보존 방법이기도 하다.

사람들에게 어떤 농산물 먹겠냐고 물으면 안전한 것, 질 좋은 것이라고 말한다. 그런데 어떤 농산물 사냐고 물으면 맛있는 것, 싼 것, 보기 좋은 것이라고 한다. 이렇게 기대와 선택이 다르니 농산물도 화장하고 약 먹고 자란다. 어쩔 수 없이 농약이 뿌려져 내게 온다. 인류학자 E. A. 질레트 팀이 어린이의 지능과 환경오염과의 관계를 보여 주는 실증 연구 보고서를 낸 적이 있다. 거기에 따르면 농약에 노출된 아이는 원기가 없고 눈과 손의 상호 작용이 조잡하고 30분간의 기억력 테스트 성적이 나쁘고 판단력이 좋지 않은 것으로 나타났다. 유기농산물을 먹는다면 나도 자연도 살아난다.

위의 여섯 가지 절대 원칙만 제대로 지킨다면 세상의 모든 아이들이 언제 어디에서건 마음 놓고 손 닿는 대로 먹어도 오래도록 탈이 없을 것이다. 할 수 있는 것부터 하나씩 차례대로 실천해 보자.

단, 밖에서 먹는 것은 아이에게 일임했다. 아이도 아이대로 또래 음식 문화가 있고 사회 생활이 있어서 엄마로서 내 상을 차릴 때만 엄격하지 나가서까지 아이의 마음을 옥죄진 않았다. 그래도 어려서부터 자연스럽게 유기농산물을 먹으며 자랐기 때문에 아이들은 인스턴트 류를 즐기지는 않는다.

나는 원래 대범한 성격이 아니었다.
소심해서 지나간 일을 다시 마음에 담아 되뇌고 불편해했다.
그렇지만 대범한 엄마가 되고 싶었다. 작은 일에 연연하지 않으며 사소한 것에
마음 쓰지 않고 작은 실수는 그냥 넘기는 대범한 엄마. 처음에는 그런 척을 했다.
소설에서 볼 수 있는 바람직한 인물 흉내를 내기도 했고 때론
위인전에 나오는 주인공인 양 행동했다. 말하자면 멋진 척, 대범한 척을 했다.
그런데 시간이 흐르며 그게 내게 익숙해지기 시작했다.
차츰 대범해져 내 자신이 나를 보고 놀랄 때가 한두 번이 아니었다.
아니, 이렇게 대범해도 돼? 싶을 정도로. 처음에는 의도적으로 애써 노력을 하여
대범하려 했지만 그것이 습관이 되어 내 자신이 되었다.
대범한 엄마는 내 아이를 내가 보기에 좋은 아이로 기르되 남이 보기에도
좋은 아이로 길러야 한다. 또한 세상 모든 아이의 엄마가 되어야 한다.

대범한 엄마 되기

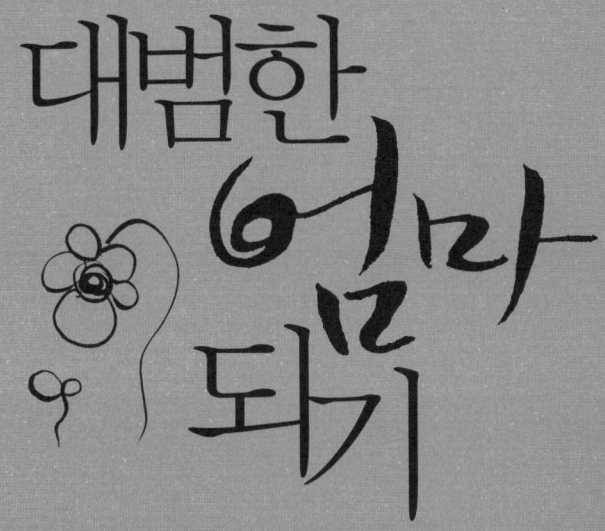

눈에 보이는 모든 아이들을 내 아이로 여기는 부모가 많아진다면
내 아이도 어디를 가든 다른 낯모를 부모의 보살핌을 받아 행복할 것이다.
내 아이가 살 터전을, 내 아이와 같이 살아갈 모든 아이가
행복하게 잘 살아가게 가꾸자. 그것은 그 아이를 위한 것이지만
내 아이를 위한 것이기도 하다.
그래서 나는 아이들을 모두의 아이, 우리의 아이로 기르려 했다.
일상적으로 마주하는 아이를 열린 마음으로 보려 했다.
길에서 만나는 아이들에게 부모의 심정으로 대했다.
어느 날부터 세상의 아이가 다 내 아이로 보이기 시작했다.
내가 눈을 뜨고 보니 이 세상 아이들이 다 고와 보였다.

아이 혼자 떠나는 여행을 보낸다

　엄마는 아이가 다 커도 어리다 여기며 뭐든 혼자 하지 못하게 한다. 먹는 것에서부터 노는 것, 공부하는 것까지. 여행은 더더욱 두려워한다. 하지만 작은 것이라도 혼자 해 본 아이는 자신감이 넘친다.
　아이는 부모 없이 혼자 바깥세상으로 나서게 되면 여러 사람의 도움을 받게 마련이다. 그런 아이는 자신이 남의 도움을 받았듯이 다음에는 자신도 남을 도울 것이라는 생각을 자연히 하게 된다. 아이는 혼자 하는 여행을 통해 쑥쑥 큰다. 그 자라남이 눈에 보일 정도다. 엄마는 자란 아이를 보는 기쁨을 누리고 아이는 아이대로 스스로 해내는 기쁨을 맛본다.

홍원이는 아홉 살 때, 혼자 비행기를 타고 부산에서 서울 우리 집으로 왔다. 큰아버지께서 부산 공항까지 데려다 주셨고 내가 김포 공항으로 마중을 나가긴 했지만, 아이 혼자 비행기를 탄 것은 처음이었다. 이때 홍원이의 얘기는 길기도 하고, 많기도 했다. 남보다 먼저 타고 먼저 내렸으며 앞자리에 앉아 별의별 광경을 다 봤다고 자랑이 대단했다. 어린 손님이 자라 평생 고객이 된다고 여겨서인지 항공사는 아이들에게 늘 각별하다. 대접 잘 받고 선물까지 들고 왔으니 아이는 자랑할 만했다.

무엇보다 혼자 그 멀리에서 왔다는 자부심이 아이를 흥분시키는 것 같았다. 저도 그렇고 우리도 아이 혼자 움직인 것에 대해 무척 대견해했다. 또래 친구들이 해내지 못한 일을 처음 해낸 것에 대한 만족감과 자신감은 아이의 기억에 오래 남았다.

홍원이는 그 후 중2 겨울에 두 번째로 혼자만의 여행을 떠났다. 여행의 이유는 공부와 운동 중에 자신이 진정 원하는 것이 무엇인지 생각을 가다듬어야 한다는 것이었다. 아홉 살 여행은 만족감과 자신감을 심어 준 여행이었는데 두 번째 여행은 정신적 성숙을 위한 길 떠남이었다. 아이 마음이 흔들릴 때 떠나보내도 되는 건지 처음엔 걱정이 앞섰다. 떠난다고 고민이 해결되는 것도 아닐 거고 오래 생각한다고 풀리는 것도 아닌데……. 하지만 말리지는 않았다. 부모는 조언만 할 뿐이지 진로는 아이 스스로 고민해야 한다. 가장 하고 싶은 게 무언지, 가장 좋아하는 일이 무언지를. 떼밀려 하는 일은 나도 원치 않는다. 바꾸어 생각하면 스스로 생각을 정리할 시간을 갖겠다고 나서는 아이가 의젓해 보여 차라리 고맙기도 했다.

"너는 이제 겨우 열다섯 살이다. 자고 오는 것은 좀 무리가 있으니 어디를 가든 하루 만에 돌아오렴."

아이는 왕복 기차표를 사서 영월로 떠났다. 그 겨울 들어 가장 추운 날, 모자를 푹 눌러쓴 아들은 날도 밝지 않은 새벽어둠을 뚫고 집을 나섰다. 한 번도 차지 않던 손목시계를 차고 영월 지도를 들고. 아빠 휴대전화를 들려 보냈다.

통 큰 엄마라더니 아이를 보내 놓고 사무실에서 일은 하지만 하루 종일 마음이 쓰였다. 이제 컸다고 혼자 해결해야 하는 것들이 생기고, 그것들에 대한 고민을 하는 아들이 어른스러워 보였다. 하지만 아직은 미완성된 아이인데……. 고민을 안고 커 버린 아이가 안쓰럽기도 하여 마음이 착잡했다. 어렸을 때는 오히려 어디에 내놓아도 걱정이 없었는데 아이가 성큼 크니 거꾸로 어른으로 보여서 낯선 사람들의 표적이 되지나 않나 하는 걱정도 있었다. 위급할 때 쓰라던 전화는 오지 않았다. 우리도 하지 않았다. 그냥 기다리는 수밖에.

급기야는 참지 못하고 그 밤에 역으로 마중을 나갔다. 돌아온 아이는 활짝 웃고 있었다.

"엄마가 나와서 좋은데."

"그래 잘 다녀왔니? 좋디?"

"응. 환상이었지."

아이는 하루 종일 정처 없이 영월을 누비고 다녔단다. 누구나 때론 이런 여행을 원할 거다. 자유로운 여행, 얽매이지 않은 여행, 학기 중이라 더더욱 좋았겠지. 학교를 가지 않고 떠난다는 것에 대한 짜릿한 해방감까지.

속을 든든히 채우고 아들은 다시 전 같은 밝은 모습으로 내게 왔다. 이제 얼마 후에는 내게 말도 않고 떠나겠지. 그러고는 훌쩍 자라 있겠지.

아이들이 떠날 때마다 나도 자라는 느낌이다. 탯줄이 완전히 끊기는 느낌이랄까. 내가 떼는 만큼 아이는 큰다. 시작할 때는 내가 했는데, 두려워하는 아이에게 "조금만 해 봐. 여기까지만 와 봐. 무섭지 않아" 했었는데 이제는 아이가 내게 "엄마, 여기까지만 와 봐" 한다.

홍원이는 2002 월드컵 때 제 평생 우리나라에서는 단 한 번 있을 축제를 즐기러, 호나우두를 보러 울산 경기장을 찾고 상암동, 수원 경기장을 누비고 다녔다. 새벽 기차로 귀경하고, 기차 안에서부터 각자 원하는 나라 응원을 함께 하고. 우리나라 기차와 전철이 국제선 같았단다. 맞다. 예상했던 대로 아이는 점점 더 멀리, 더 길게 떠나 있게 되었다. 중국 여행, 20일간의 인도 배낭여행, 밤낚시까지. 이제는 내가 아들의 일상을 다 꿸 수 없을 만큼 행보가 다양해졌다.

태경이는 5학년 때 친구 셋이서 전해에 한 반이었던 친구가 이사 간 대전에 다녀온 후 홍원이처럼 무용담이 많았다. 그 후로 두 아이는 자주 지하철을 이용해 어디건 다녀왔다. 방학 숙제로 경복궁이나 서대문 형무소를 가거나 시내에 있는 백화점을 돌기도 했다. 4학년 교과서에는 지하철에 관한 내용이 나온다. 늘 엄마와도 대중교통을 이용했지만 저희들끼리 다니니 산 공부가 된다. 한 아이는 복습을 했고 또 한 아이는 예습을 했다. 자라며 혼자 할 수 있는 것이 점점 는다. 그러면서 아이도 자라고.

아이들은 스카우트 야영, 성당 피정, 학교 수련회 따위로 자주 집을 떠났다. 나는 아이들이 엄마에게 보고하려 전화 찾아다니느라 마음 쓸까 봐 '엄마에게 애써 연락하려 하지 마라. 언제나 있는 곳에서 일정에 충실해라'고 했더니 떠나면 연락이 없다. 대신 최선을 다하고 온다. 지도자가 있는 곳이라면 어디를 보내도 걱정이 없다. 아이들이 오랜 시간 집을 비우면 아침마다 아이 살 냄새 맡으며 깨우는 일이 하고 싶어지기도 하지만 다른 생각은 없다. 그런데 아이들은 날이 갈수록 대담해져서 더 멀리 더 어려운 노선을 택하게 되었다.

　집을 떠나고 낯선 사람을 만나는 일이 익숙해진 아이들은 국제 행사장에 가서도 남녀노소 여러 나라 사람들과 자연스레 어울린다. 넓은 세상을 한발 나아가 본 아이는 세상과 만나는 일을 두려워하지 않는다. 영어 학원보다 여행이 백 배 나은 이유다.

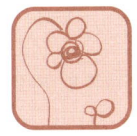

아이들의 문제는
아이들끼리 해결토록 한다

간혹 강연장에서 만난 엄마들은 그런다. 컴퓨터 없는 세상에서 살고 싶다고. 얼마나 화를 내고 걱정들을 하는지 그 말을 하는 엄마들은 눈물을 보이기 일쑤다. 안타깝다. 그래도 받아들여야 한다. 컴퓨터는 이제 아이들에겐 우리 어른들 수다처럼 생활 자체다. 우리가 수다를 통해 소통하며 정보를 주고받고 기쁨을 느끼는 것처럼 아이들도 컴퓨터를 통해 그런 것을 얻는다. 우선 컴퓨터를 인정하고 그 다음에 지나친 부분은 의논하여 문제를 해결하도록 하는 것이 좋다.

인생은 선택과 포기의 연속이다. 아이들의 컴퓨터를 인정하자. 컴퓨터를 아예 안 하고 공부만 했으면 하는 욕심은 포기하자. 그리고 아이들에게도 컴퓨터를 공부와 병행하도록 타이른다. 공부하는 동안은 컴퓨터를 포기하게. 그 대신 엄마도 포기할 게 있다. 지나치게 컴퓨터에 빠져 지내는 아이에게 컴퓨터를 일정 시간 못하게 하려면 엄마도 자신이 즐기는 일을 아이 앞에 맹세하고 포기해야 한다. 내 희생이 따르지 않고는 아이의 문제를 고칠 수 없다. 내가 좋은 것을 포기할 때의 아쉬움을 알아야 아이의 야속한 마음을 읽을 수 있다. 그래야 공평하다. 아니, 그래도 아이는 성인이 아니고 제가 놓인 상황이 자발적인 것이 아니므로 많이 억울하다. 그 마음도 헤아려 아이를 끌어안아야 둘 다 이겨 낼 수 있다.

뭐든 간섭하려 들면 한도 끝도 없다. 그러니 아이들 일은 아이들에게 맡기는 것이 좋다. 일례로 환경 미화만 해도 그렇다. 뚝심 있는 담임선생님을 만났다면 모를까 어느 교실이나 엄마들이 학생이 되어 교실을 꾸민다. 아이들 공부 시간을 빼앗아서는 안 되기 때문이다.

홍원이네 반 아이들은 그게 싫었던지 며칠을 우리 집에서 모여 환경 미화를 한다며 꾸미기를 했다. 들여다보면 노는 게 먼저여서 정작 환경 미화 준비는 엉성하기 그지없었다. 그래도 뭐가 되든 지켜보며 나는 밥만 해 댔다. 그게 내가 할 일이므로. 다 만들어 놓은 것을 보니 좀 한심하긴 했다. 중1이 자기들 수준만큼 했으니. 하지만 아이들끼리 협동하여 해내면 기쁨도 남다르다.

학교 축제를 친구들과 함께 치러 낸 일도 홍원이에겐 소중한 경험이 되었다. 당시 학생회장이었던 홍원이는 축제 무대 위에 공부 잘하는 친구보다는 잘 노는 친구들이 돋보이도록 맘을 썼다. 아이들은 맘껏 춤추고 노래하고 악기를 연주했다. 무대에 섰던 학생 86명과 객석에 앉은 나머지 학생이 모두가 하나 되어 축제를 즐겼다.
　공연이 끝나고 선생님들께서 이런 말씀을 하셨단다.
　"우리 반 누구누구는 3년 만에 처음 그렇게 행복한 웃음을 보였다. 정말 고맙다. 고맙다. 다 너희들이 해냈구나."
　선생님께서 학생들에게 전권을 주셨기 때문에 맺을 수 있는 열매였다. 어른들은 판만 벌여 주고 어설프더라도 채우는 것은 아이들이 해야 한다. 어른은 아이들이 스스로 할 수 있게 도와주는 존재여야 한다.

　교우 관계도 마찬가지다. 아이가 사춘기로 접어들면 엄마 눈엔 모든 게 불안해 보인다. 불량한 아이와 사귀는 것은 아닌지 걱정이 앞선다. 중1 때 태경이는 학교에서 교장 선생님까지도 포기했다고 하는, 가출을 일삼는 학생과도 어울렸다. 다른 엄마들은 기겁을 했으나 나는 그 애를 내 아이의 친구로 대했다. 전화가 오면 잘 바꿔 주고, 집에 한번 데려오라는 말도 빼놓지 않았다. 서운하게도 한 번도 오지는 않았지만. 그런 친구를 받아들여 주는 엄마의 대범함에 감사했는지 태경이는 중2 때 '우리 엄마는 길가 어떤 아이에게도 사랑의 눈빛을 보내는 아름다운 사람'이라고 쓴 생일 카드를 내게 선물로 주었다.

아이의 친구는 우리 아이와 이 세상을 같이 살아가야 할 동반자이다. 그 아이 역시 가슴속에 따뜻한 마음이 숨어 있고 남에게 사랑받고 싶은 존재이다. 나는 그 사실을 늘 기억하려 했다.

홍원이는 그야말로 친구 관계의 범위가 전교생에 이르다 보니 별별 아이와 다 어울렸다. 아이가 어렸을 땐 좀 걱정이 될 때도 있어서 친구들을 집에 데리고 와서 놀게 했다. 좋은 아이만 사귀라고 하거나 친구를 가려 사귀게 하는 것은 좋은 엄마의 태도가 아니라 생각했다. 내 아이가 그 아이에게 좋은 친구가 되면 괜찮지 않은가? 생각했다. 그랬더니 아이는 다양한 친구들과 어울리게 되었고 나 역시 많은 아이들의 또 다른 엄마가 되었다.

아이들은 학교생활을 통해 어른들이 그러는 것처럼 복잡 미묘한 문제를 스스로 풀며 그 가운데서 견뎌 내는 힘을 기른다. 그 힘으로 내공이 길러진 아이는 세상을 더 넓고 깊게 보게 된다. 나 역시 아이들은 아이들의 문화와 세계가 있으므로 자잘한 일에 관여하지 않는다. 아이 스스로 판단하고 친구들과 잘 어울리는 것이 꼭 필요하다.

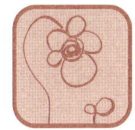

실수는 실수로 받아들인다

노는 데 이력이 난 초등 3학년짜리 홍원이가 해질녘에 큰소리를 지르며 집으로 뛰어 들어왔다.

"엄마아!"

온몸이 희열 덩어리였다.

'뭐가 이 아이를 이렇게 기쁘게 하나?'

아주 작은 꼬마 딱지로 제 얼굴만큼 큰 딱지를 땄다는 거다. 친구와 겨뤄 어렵게 딴 딱지 한 장이 이 아이를 이렇게 흥분하게 하는 모양이었다. 훌륭하다며 같이 기쁜 밤을 보냈다. 아이는 밤이 늦도록 그 딱지를 만지작거리며 승리의 여진을 즐겼다.

한데 다음 날 아침 학교에 가려다 말고 아이가 물었다.

"엄마, 내 자전거 어디 있어?"

"너 어제 저녁에 안 가져왔니?"

아이는 금세 풀이 죽었다. 딱지 딴 소식 전하려다가 그만 자전거를 두고 온 것이다. 아이는 새 자전거를 1층에 두지 않고 꼭 7층 집 앞까지 끌고 올라올 만큼 소중히 여겼었다. 큰맘 먹고 사 준 자전거가 아까워 부주의한 아이를 나무랄까 했다. 나는 돈 생각이 나서 마음이 무척 아팠다. 하지만 이미 없어진 것, 야단친다고 나타날 것도 아니니 대범한 엄마가 되기로 했다. 더구나 지금 야단을 쳤다가는 그 마음으로 학교에 가서 어떻게 공부를 하겠는가.

"너는 학교에 가서 공부해라. 엄마가 나가서 둘러볼게. 그리고 학교 끝날 때까지 엄마가 찾지 못하면 같이 찾자."

아이는 엄마가 찾으러 간다니까 안심한 듯 학교로 갔다. 자전거를 찾아보겠다고 밖으로 나왔지만 있을 리 없었다. 자물쇠를 잠가도 없어지는 판에 잠그지 않은 채 세워 두었으니 누구든 가져가라는 것이나 다름없었다. 산 지 며칠 되지 않아 아이 마음이 더 쓰라렸으리라.

그래도 딱지 딴 걸 자랑하려 날다시피 내게 뛰어온 아들의 마음을 생각하니 고마워 웃음이 났다. 그 기쁨 내게 먼저 전하고, 나와 나누려다 그만 자전거를 잊은 것이다. 생각해 보면 딴에는 내게 최고로 잘하려던 것이다.

학교에서 돌아온 아이에게 말했다.

"홍원아, 자전거를 잃어버려서 엄마 마음이 아파. 그래도 홍원이가 딱지 땄다고 제일 먼저 엄마에게 알리러 와서 기뻐."

아이도 속이 아프단다. 내가 그런 마음을 가지니 아이도 오히려 야단치지 않은 엄마의 넓은 마음을 알아 새겼다.

나는 아이의 실수를 실수로만 받아들였다. 그러면 더는 그 일로 서로 고통 받지 않는다. 실수를 하여 손해를 보았는데 화를 내어 손해에 또 손해를 보태는 것은 어리석다.

생각해 보니 그 후로 아들은 내게 상장 타 나르기 바빴다. 좋은 소식이 있으면 당장 달려와 나를 기쁘게 했다.

즐길 수 있는 시간을
충분히 줘야 집중도 잘한다

   모든 순간이 늘 제일 중요할 때겠지만 많은 엄마들이 이때가 제일 중요하다며 아이 공부 시키기에 한껏 열을 올리는 중3 가을, 태경이는 유유자적 놀고 있었다. 학교 수업은 느슨하고 아이는 지루한 나머지 토끼 옷을 만들고 싶다고 했다. 제가 입을, 머리부터 발끝까지 털로 만든 토끼 모양의 옷.

   아이를 데리고 동대문 원단 시장에 갔다. 시간 많은 모녀는 물어물어 회색 털 천을 찾아다녔다. 그곳에서 태경이 같은 아이는 어디에서도 만날 수 없었다. 북실북실한 천을 끊어다가 원피스형 바지를 본으로 재단을 해 주었다. 그 다음부터는 바늘로 꿰매라며 제게 맡겼는데 털이 얼마나 날리는지 온 집이 털 천지였다. 집에 있는 재봉

틀은 고장 나서 수선 집에 가서 오버로크를 치기로 했다.

수선 집에 온 한 아주머니는 커다란 짐을 싸 들고 온 우리 모녀를 보고 이렇게 말했다.

"중3이 공부는 않고 그런 것 가지고 씨름하다니…… 그러는 아이나 그런 것 다 들어주는 엄마나 참 대단하네요."

'욕인지 칭찬인지…….'

나는 칭찬으로 들어 넘기기로 하고 웃으며 말했다.

"아이가 뭐든 알아서 잘하니 뭐든 바라는 것은 다 해 줘야지요. 나쁜 일도 아니고 반대할 이유가 없잖아요."

태경이는 털 천을 날마다 조금씩 꿰매어 제법 그럴듯한 토끼 옷을 만들었다. 아이는 만드는 것을 즐겼고 나는 한 달간 그 일 하는 아이를 보는 것을 즐겼다. 일하는 아이도 보는 엄마도 기뻤다. 아이는 시간이 나면 바늘에 실을 꿰어 손으로 꿰맸다. 천천히 그날 할 만큼 하고 보자기에 싸서 한쪽에 놓아두었다가 다음 날 다시 펼쳐서 또 만들었다. 토끼 옷은 아주 조금씩 만들어져 갔다. 다른 일을 다 하면서 여유로운 가운데 즐기듯 옷을 만들었다. 과정도 결과도 근사했다.

토끼 옷이 완성되자 태경이는 그 옷을 입고 거리로 나섰다. 지나가는 사람들은 다 가던 길을 멈추고 태경이를 구경했다. 어떤 아이들은 아예 뒤돌아서서 낯선 옷을 뚫어져라 쳐다봤다. 아이는 토끼 옷을 입는 재미보다 사람들이 놀라는 모습을 보는 것을 더 좋아했다.

  더더욱 좋은 것은 이 옷이 모든 사람에게 필요한 옷이 되었다는 거였다. 누구든 다 빌려 입었는데 인근의 학교 축제 때는 꼭 이 토끼 옷이 등장했다. 다른 먼 지역으로 출장을 갈 때도 있었다. 그리고 집에 어린아이 손님이 오면 꼭 입어 보는 옷이기도 했다.

  아이가 하고자 하는 일은 남에게 해가 되지 않는다면 다 하게 해 주는 게 좋다. 아이들은 많이 놀고 나면 해야 할 일에 집중도 잘한다. 한 달 동안 토끼 옷 만들면서 여유를 부렸던 아이는 만사가 여유로웠다. 한가로움을 즐기고 그 가운데 알맞게 움직이고 일했다.

고3보다 중요한 평생을 생각한다

 태경이가 고3일 때 엄마인 나는 그해도 한살림 운동에 바빴다. 생산지를 방문하고 회의를 하고 강의를 하고 글을 쓰고 있었다. 그해 여름에 책을 출간하고, 그와 관련된 강연으로 더욱 분주했다. 한번은 EBS 라디오 「부모의 시간」 강의를 하게 되었다. '거꾸로 사는 엄마의 행복한 자녀 교육'이란 제목으로 아이들을 키운 이야기를 곁들이며 참다운 삶을 살자, 행복한 인생을 설계하자는 말을 했다. 강의 말미에 그 프로그램 진행자였던 김자영 아나운서가 물었다.

 "선생님, 아이가 대학 잘 가겠지요?"

 '역시 대학이 관건이구나.'

 안타까운 생각이 들었다.

"아마 잘 가겠지요. 그러나 확신할 수 있는 것은 아이가 이제껏 행복하게 잘 살았기에 앞으로도 행복하게 잘 살리라는 것입니다."

참 삶이 무엇보다 우선이다. 그래서 당장 눈에 보이는 성적, 결과에 맘 쓰지 않았다. 과정이 중요하고 눈앞의 오늘이 더욱 중요하다. 입시는 그 다음이었다. 그래서인지 아이들도 입시 압박 없이 하루하루를 소중히 여겼고, 마음 놓고 입시를 맞을 수 있었다.

하루를 열심히 사는 것이 결국 장래의 목표를 수월히 이루는 비결이다. 그것이 두 아이의 입시를 치르면서 내가 얻은 교훈이다. 부모 자식 모두가 입시 때문에 압박받고 이 문을 통과 못하면 큰일 날 것처럼 여기면 될 일도 안 된다. 뭐든지 즐기면서 하면 된다. 즐기면서 하는 사람이 늘 여유롭고 앞서 간다. 부모라면 아이들에게 즐기면서 여유롭게 사는 기쁨을 맛보게 해 주어야 한다.

그래서 고등학생이 된 태경이에게도 입시에 대한 부담을 주지 않았다. 그래도 고3이니 학원을 좀 가려나 했더니, 아이는 '고3 학원은 효도용'이라며 그냥 알아서 수능 준비를 하겠다고 했다. 아이는 고3은 아는 것을 정리하는 기간이니 혼자 해야 하는 기간이란 확신에 차 있었다. 그 가운데 연극을 보거나 미술 전람회에 가기도 했다. 수능 한 달 전엔 집에 오신 '나눔의 집' 할머니 열 분의 식사 시중을 들기도 했다. 더구나 태경이는 고3이 될 때 세계 잼버리 대회에 참석하느라 근 한 달을 공부에 손을 놓았었다. 아무리 아이가 하고자 하는 대로 놔두는 대범한 엄마라 해도 그때는 조금 망설였다. 보낼 것인가, 말 것인가? 하고. 하지만 아이의 참가기를 보고 나니 대견하다는 생각이 들었다.

아이는 한국에 있었으면 한 달 꼬박 지내도 못 겪을 일을 날마다 하며 살았다고 한다. 자연 속에서 생활하면서 광활한 대자연을 숭배하게 되었고, 옛날 사람들이 왜 자연을 신으로 받들었는지 알게 됐다고 한다. 인종도 언어도 다른 사람들이 서로 마주치기만 하면 오랫동안 알던 사이처럼 반갑게 인사하고 얘기를 나누는데, 서로에 대한 이런 공감대가 커진다면 특별한 평화 운동을 펼치지 않아도 전쟁과 같은 국제 분쟁은 일어나지 않을 것이라고 여겼다. 국가 간 자발적인 지원이 이루어져 기아나 환경문제를 쉽게 해결할 수도 있을 것이라 생각하기도 했다.

아이는 한 달 동안 이렇게 많은 생각을 품고 돌아왔다.

홍원이도 고3일 때 공부 외에 할 일이 많았다. 전교 회장을 맡아 개교 20주년 행사를 5월 말까지 진행해야 했고, 육상 대회, 농구 대회도 나갔으며 영화도 봐야 했다. 집에 오면 아빠와 탁구도 자주 쳤고, 강아지 깜깜이 목욕도 잘 시켰다. 또 고3이더라도 '피곤하면 쉬어야 한다' 는 게 내 생각이었다. 그래서 아이들은 머리를 쥐어짜며 공부하지 않고 적당히 쉬면서 공부할 수 있었다. 쉰다고 엄마가 불안해하지 않아 자유롭게 자신의 일정을 자신의 체력에 맞게 조정할 수 있었다.

두 아이 다 짜증 한번 안 내고, 힘들다 보채지도 않아 '고3병'을 몰랐다. 입시가 우리 인생의 목표가 아니어서 그랬다. 우리는 아는 것을 확인하는 게 시험이고, 공부는 재미있어야 하는 것이라 인식하여 입시에 조바심 내지 않았다. 대학에 꼭 가야 한다고 생각한다면 노력하되 이번에 안 되면 다음에도 갈 수 있기에 불안감을 갖지 않도록 했다. 그래서 입시를 준비하면서도 잼버리에 갈 수도 있었고 여러 활동을 할 수 있었다.

삶의 목표가 무엇인지 살필 필요가 있다.

선생님을 믿어야
아이는 학교가 즐겁다

　선생님은 아이의 또 다른 부모다. 선생님과 학부모 둘의 관계가 긍정적이고 원만해야 그 가운데 있는 아이가 편하다. 서로의 부족한 점을 일깨우며 아이를 잘 키운다는 공통 목표를 향해 나아가면 문제가 없다. 가정에서는 부모가 아이를 이끌고 학교에서는 선생님이 아이를 이끈다 생각하면 만사형통이다. 가정교육이 부모에게 맡겨진 것처럼 아이의 학교교육은 교사에게 일임한다.

　아이의 생활 태도나 일상 습관을 잘 갖추게 하는 것, 사랑을 듬뿍 주고 칭찬을 많이 하는 것 등은 엄마 몫이다. 선생님은 아무리 잘하려 해도 한계가 있다. 선생님이 반 아이들을 칭찬하려 해도 40명이나 되니 쉽지 않다. 아이의 용기를 북돋우는 일, 아이의 결점을 잡아

내는 데도 40대 1이다. 그것을 고쳐 내려 해도 40대 1이다. 그러니 자잘한 생활 습관은 1대1로 할 수 있는 엄마가 바로잡아 줘야 한다.

아이 교육과 관련해 엄마가 해내지 못하는 일을 선생님께 일임하는 것은 부당하다. 최선을 다했는데도 잘 안 되는 몇 가지를 선생님께 기대야 한다. 그것도 한 번에 한 가지 정도만. 태어났을 때부터 아이의 여러 습성을 오랫동안 지켜봐 모든 것을 너무도 잘 아는 엄마가 바로잡지 못하는 아이의 문제점들을, 만난 지 얼마 안 되는 선생님께 맡기며 하루아침에 새 아이가 탄생하길 기대하는 것은 어이없는 일이다.

선생님은 가르치는 것이 직업인 사람이긴 하지만 아이를 처음 만나면 적응 시간이 필요하다. 그리고 아무리 노력하는 훌륭한 선생님이라 하더라도 40대 1이란 것을 잊지 말자. 내 아이만을 주목하고 칭찬해 주길 기대하는 것은 많은 학생들 속에서 다른 아이를 제치고 내 아이만 봐 달라는 것과 같다. 학교에 맡긴 다음엔 내 아이에 대한 보살핌이 조금 부족해도 당연한 것으로 여기며 믿고 기다려야 한다. 그러다 보면 대개 선생님과 엄마 사이에 신뢰가 쌓이게 된다. 그리고 아이의 학교생활은 엄마의 학교에 대한 긍정적인 믿음이 바탕이 되기도 한다.

그러나 교사들에 대한 너무나 많은 부정적인 이야기를 들어서 나 역시 첫 아이를 학교에 보내며 마음이 편치 않았다. 한 달포를 그리 했는데 마치 아이를 학교 보내는 것이 살얼음을 딛는 듯 불안했다. 하지만 그건 기우였다. 잘 들여다보니 아이는 좋은 선생님을 만나 학교생활이 행복했다. 나 역시 우리 아이의 선생님께 마음을 열고 나니 날마다 행복했다.

 내가 아이들이 중고생이 될 때까지 다른 어떤 교육기관에 기대지 않고 오로지 학교만 보냈던 것은 공교육이 살았으면 하는 끊임없는 기대 때문이었다. 그래서 나는 학교교육만 받는 우리 아이가 혹시 손해 볼지 모른다는 생각이 들어도 굳게 마음먹고 버텼다. 나 하나의 이런 힘이 모아지면 그래도 우리 교육이 조금은 살겠지 하며. 그리고 밝은 낯으로 아이를 맞는 선생님께 감동하고, 아이의 숙제에 도장을 찍는 대신 일일이 짧은 글 한 줄로 아이를 칭찬하는 선생님께 감탄하며 지냈다. 작은 것부터 고마워하며 내 아이의 학교 시간을 맡아 주는 분으로 선생님을 대했다.

 교사도 결국은 하나의 직업일 뿐이다. 그러니 선생님들도 세상의 다른 사람들과 별반 다르지 않다. 그냥 사람이다. 내가 좀 나아지는 만큼 선생님도 나아진다. 선생님은 이래야 한다거나 최소한의 지성과 인격 등을 기대하기 전에 나부터 그렇게 되려 노력했다. 칭찬 많이 해 주는 선생님이면 족하고 공부를 열성적으로 시키는 선생님이면 충분하다고 마음먹었다. 그로 만족하고 더 이상 바라지 않게 되었다.

물론 나도 이상적인 선생님 상이 있다. 열심히 공부하고 그것을 잘 가르치는 선생님. 상처 받은 아이들의 용기를 북돋우는 선생님. 아이들이 선생님을 보는 것만으로도 즐겁고 선생님 또한 학생들을 만나면 모든 근심이 사라지는, 그런 관계를 유지하는 선생님.

그러면 선생님들은 어떤 엄마를 바랄까. 아이를 건강하게 키워 보내 주는 엄마, 아이를 집에서 편안히 쉬게 해 주어 학교생활 잘하게 살피는 엄마, 아이를 학교에 믿고 맡기는 엄마, 필요할 때만 학교 일을 도와주고 제 일을 열심히 하는 엄마라 생각되었다. 내가 원하는 이상적인 선생님이 많아지길 기대하며 나부터 그런 엄마가 되려 노력하자.

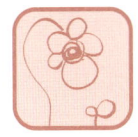

부적절한 체벌에는
단호하게 대처한다

    간혹 촌지를 완곡하게 원하며 아이를 못살게 괴롭히는 선생님이 없었던 건 아니다. 하지만 모르는 척했다. 그건 선생님이 아무리 원해도 내가 할 수 있는 일이 아니기 때문이다. 아이가 닦달 당하기도 했다. 아이는 엄마와 학교와 사회가 같이 키운다. 그 가운데 하나만이라도 아이를 전폭적으로 신뢰하면 아이는 절대 잘못되지 않는다. 나는 아이를 무조건 믿고 따뜻이 대해 주었다. 그러므로 학교에서 좀 부당한 대우를 당해도 아이는 꿋꿋했다. 일주일간 날마다 책 열 장 베끼기처럼 너무 지속적이고 과한 체벌이다 싶으면 선생님께 편지를 보내긴 했으나 학교 일은 선생님 고유 권한이라 여겨 좀처럼 개입하지 않았다.

다른 아이가 토한 것을 다 치우고 돌아온 4학년 아들에게 '우리 홍원이는 뭐든지 할 수 있는 훌륭한 학생이 되었구나' 하며 집에서는 왕자처럼 살게 해 줬다. 실험실 청소를 도맡아 설거지 박사가 되었을 때는 내가 못 가르친 것을 선생님께서 다 가르치신다는 생각도 했다. 인격적으로 무시하지 않는 한 가혹한 선생님을 만나면 아이는 견디는 힘을 기르기도 한다. 그래서 대하기 힘든 선생님을 만나는 것도 때론 아이에게 이롭다.

아이가 선생님의 이상한 태도를 어이없어하면 "네가 선생님이라면 어떻게 하겠니?" 하고 물어 오히려 반면교사로 활용했다. 학생 같은 선생님도 계시고 선생님 같은 학생도 있다. 그래도 서로 도와가며 잘 살아야 한다고 이르기도 했다.

홍원이는 중학교에 입학한 지 얼마 안 돼 선생님께 매를 맞은 적이 있었다. 신입생 아이가 잘못 판단하여 생긴 일을 갖고 심한 손찌검을 한 것은 잘못되었다 생각했다.

나는 학교에 찾아갔다.

"일단 병원에 데리고 가겠습니다. 공부가 중해 학교에 보냅니다만 더 중요한 것은 건강이지요."

선생님께 그 말씀만 드리고 나왔다.

"홍원아. 엄마는 이런 일로 학교에 불려 다녀도 괜찮아. 네가 내게 얼마나 많은 기쁨을 주었는데. 그리고 기쁨을 주지 않았더라도 엄마는 아이들 문제가 있으면 이렇게 다니는 게 당연한 거야. 일이 잘 풀릴 때까지"라고 말하며 아이 손을 꼭 잡고 걸었다.

'얼마나 아팠을까. 아니, 얼마나 모욕적이었을까.'

가슴이 쓰렸다. 그래도 아이가 의연하고 일단 몸에 이상이 없어서 다행이었다. 다시 학교에 아이를 맡기고 돌아왔는데 선생님은 엄마를 불렀다고 아이를 또 야단치셨다. 나는 다시 학교에 갈 수밖에 없었다.

"제가 원하는 것은 평화로운 교실입니다. 아이가 학교에서 쓸데없는 빈정거림을 받지 않는 곳, 아이들이 잘못을 해도 모든 잘못이 교육적으로 처리되는 곳을 원합니다. 또 내 아이뿐 아니라 다른 아이들도 선생님의 손찌검에서 자유로운 교실을요. 어느 누구에게도 부적절한 체벌을 해서는 안 됩니다."

덧붙여 이렇게 말했다.

"물론 저도 흠이 많은 사람입니다. 하지만 아이들에게는 조심합니다. 부탁드립니다. 선생님은 전문 교사십니다. 훗날 제게 이 일로 고마워하실지 모르겠습니다. 제 흠도 고치도록 선생님께서 지적해 주십시오."

간혹 똑똑 떨어지는 어투로 말하는 버릇이 있는 나지만 예민한 일이니 최대한 공손하게 말했다. 교실의 평화를 비는 마음이 너무도 간절하여 자연 그리 되었다.

나는 어떤 조치를 해서라도 얼마든지 이의를 제기할 수 있었다. 하지만 내가 진정 바라는 것은 누구에게 알려지고 누가 문책을 당하는 것이 아니라 평화 자체였다. 이미 두어 번 불미스러운 일이 있었던 터라 어떤 엄마들은 내게 전화를 해서 이 기회에 선생님을 학교에서 내보내자고 하기도 했다. 나는 다르게 생각했다.

'더 나은 선생님이 오리란 보장이 있나? 또 이 선생님은 다른 학교에 가면 더욱 지독해질 것이다. 몇 가지 흠이 있는 선생님이라고 해서 모든 면을 부인하면 안 된다. 그건 문제를 푸는 방법이 아니다. 흠만 고치면 된다.'

마음대로 하라며 퉁명스럽게 대꾸하시던 선생님은 아이를 때린 일은 잘못된 일이라고 인정하셨다. 그리고 그날 이후 아이들에게 절대로 손을 대지 않으셨다. 자신을 잃지 않으며 자신의 결점을 고치기가 얼마나 힘든지 잘 안다. 그런데 선생님은 그걸 해내셨다.

나는 아이를 학교에 정말 조건 없이 맡기지만 부적절한 체벌에는 반대한다. 학교에서는 많은 아이들을 지도하다 보니 아이를 엄격하게 대할 수도 있겠다. 하지만 체벌도 교칙 따라 할 일이다. 마구 때리는 것은 체벌이 아니고 폭행이다. 그러니 아이가 수긍하게 이해시키고 그것 역시 교육적으로 해야 한다.

이 일이 있은 후로 아들은 나를 다르게 봤다. 그 무렵 사춘기로 접어드는지 차마 화는 못 내지만 내게 큰소리로 말할 때도 있었는데, 이제는 제 엄마를 컴퓨터 게임에서 저보다 레벨이 훨씬 높은 존재 대하듯 했다.

홍원이는 홍역을 심히 치르며 중학교 생활을 시작했다. 그때 소설 『동의보감』을 보며 나락에서 허우적거리던 허준을 떠올렸다고 한다. 승승장구 잘나가던 사람도 한순간 얼마나 비참하고 보잘것없어질 수 있는가를 경험하여 다른 소외된 친구들의 마음을 더 잘 헤아리게 되었다.

그 당시 근 한 달을 고생했지만 나도 많은 걸 얻었다. 어려운 일이 생기면 소원이 없어진다는 것. 그간 가졌던 소원이 다 사라졌다. 홍원이만 건강하게 다시 학교에 다니는 것만 남고. 건강하고 소중한 내 아들이 곁에 있어 좋을 뿐이다. 오히려 소원이 없으니 단순해 좋았다. 마음이 더 평화로운 게 아닐까 하는 생각마저 들었다. 날마다 아침에 기쁘게 학교로 가는 아들을 보는 것이 행복인 것을. 이 세상에 원래 나쁜 조건은 없다. 우리가 나쁘게도 좋게도 만들 뿐이다.

길가의 아이들에게도 따뜻한 말을 건넨다

어느 날 아이들이 몰려가며 떠드는데 가만 들어 보니 말끝마다 욕을 달고 있었다. 욕이 꼭 단어의 어미 같아 마치 그 욕이 없으면 단어가 완성이 안 되는 것 같은 투였다. 귀에 거슬려서 물었다.

"왜 좋은 말 두고 욕을 하니?"

내 앞에서라도 멈추게 할 요량으로 말을 건네 보았다. 달걀로 바위 치기라도 안 하는 것보다는 낫다.

통화를 오래 한다고 잔소리했던 어른이 얻어맞아 죽지를 않나, 담배 피우는 청소년 나무랐다가 뺨 맞는 사건이 있은 후 모두 나에게 왜 그런 만용을 보이냐고들 한마디씩 했다.

'때리면 맞지 뭐. 어른 노릇 못하는 것이 맞는 것보다 좋지도 않다.'

많은 이들이 험한 소리를 하는 아이들을 두려워하는데 20여 년간 내가 만난 청소년들은 다 고왔다. 개성이 있고 나름대로 생각이 있으며 따뜻한 마음이 있었다. 그냥 무심코 말만 그리 할 뿐이다. 그런데 아무도 나무라지 않으니 더 그러는 거다. 부모 보살핌을 받지 못하거나 부모와 소통하지 못하는 아이들은 이 세상 살기가 얼마나 각박할까. 집에서 인정 못 받는 아이는 학교에서는 더 대접 못 받는다. 지옥이 따로 있을까. 말 안 통하면 그게 지옥이다. 그러니 어린 마음에 욕밖에 더 나올 게 있나 싶기도 하다.

보통 덩치만 크면 어른 취급한다. 아이들 체구만 보고 완전하길 바란다. 가능성을 무한히 가지고 있는 아이들은 칭찬을 먹고 사는데……. 다 늙은 사람도 칭찬해 주면 좋아한다. 겉만 큰아이들이야 칭찬을 얼마나 좋아할까? 우리 아들 말대로 욕하고 말썽 부리는 아이들을 더 칭찬해 줘야 한다. 잘하는 아이는 칭찬이 없어도 혼자 잘한다. 그런데 그런 아이들에게는 칭찬을 홍수 나게 하면서 정작 칭찬이 필요한 소위 불량 학생에게는 절대로 안 한다. 집에서 칭찬 못 듣는 아이들이 밖에선 더더욱 그렇다. 그래서 길에서 만나는 아이들이라도 잠시 잠깐일 망정 참견은 하되 칭찬을 하기로 했다.

'어느 아이든 무조건 사랑스런 눈빛으로 보리라. 못된 행동을 보

면 타일러 주리라. 그리고 좋은 점을 찾아 칭찬을 하리라.'

그러면 그 순간이라도 행복한 아이가 되리라 생각되었다. 다행히 내가 만나는 아이들은 대체로 나를 웃기는 아줌마로 취급하지 않았다. 아이들은 다 착한 속내를 보였다. 한번은 전철을 탔는데 고등학생 여섯 명이 예의 욕으로 이어지는 대화를 하고 있었다. 듣기가 거북한지 주변에 서 있는 사람들은 눈살을 찌푸리고 있었다.

통 좁은 바지에 기름 좔좔 흐르는 머리를 한, 모두 모양내기 좋아하는 한창때의 아이들이었다. 전에는 왜 저러고 다니나 했었는데 자꾸 보니 이제는 그저 정겹고 귀여웠다. 딴에는 얼마나 궁리하고 시간을 들여서 낸 멋일까. 그래도 말투는 고치는 게 좋을 듯해서 말을 건넸다.

"잘생긴 사람들이 왜 말끝마다 욕을 다니?"

"얘가 자칭 원빈이에요."

"자칭 원빈 아니라 타칭도 원빈이다. 아니, 원빈보다 낫네."

사실 그렇다. 무한한 가능성을 가진 이 아이들이 원빈보다 못한 게 무엇이랴.

"아줌마가 보니까 너네 다 모양 좋고 근사한데 그 욕을 달아서 별루다. 너 애한테 욕했지만 그거 네 건 줄 알지? 네 입에서 나왔잖아. 자신은 제가 깎는 조각상이야. 함부로 다루면 너무 아깝잖아?"

아이들이 싫어할까 봐 말을 길게 하지는 않았다. 그래도 해야 할 말은 해야 한다. 그건 어른의 특권이며 의무이다. 그 아이들은 목소리가 낮아졌고 날 의식한 듯 욕도 사라졌다. 어쩌다 욕이 튀어나오면 주의 안 한다며 서로의 배를 찌르고 지적하며 웃었다.

먼저 내리며 "잘 자라라" 하니까 모두 나름대로 "살펴 가세요", "안녕히 가세요" 등 인사가 분분하다. 그렇다. 누구나 칭찬받고 사랑받고 싶어하며 자신을 웃는 낯으로 대해 주기를 바란다. 어색해서 서로 못하는 것이지.

내가 웃으며 바라보니 미운 아이들은 이 세상에 없었다.

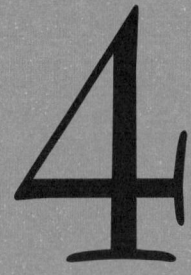

엄마가 행복해야 행복한 아이를 기를 수 있다.
나는 사소한 즐거움을 찾아 누리며 행복감에 젖었다.
나를 엄마라 부르며 내게 먼저 의논하는 아이들이 있는 것.
아니, 그들이 내게 어떻게 해 주어서라기보다 그냥 살아 있는 것 자체가 기쁨이다.
아이 커 가는 것을 지켜볼 수 있는 것, 아이의 엄마라는 것 자체가
전율로 느껴질 만큼 즐거운 일이다. 몸 누일 쉴 곳이 있는 것, 몸이 건강한 것,
건강하여 어디든 갈 수 있는 것, 내가 좋아하는 이들이 있는 것,
나를 반기는 이가 있다는 것도 큰 기쁨이다. 길 가다 맛있는 음식을 살 수 있는 것,
먹을 수 있는 것, 시원하게 용변을 볼 수 있는 것 또한 큰 기쁨이리라.
내가 가진 것이 이리도 많다.

행복한 엄마 되기

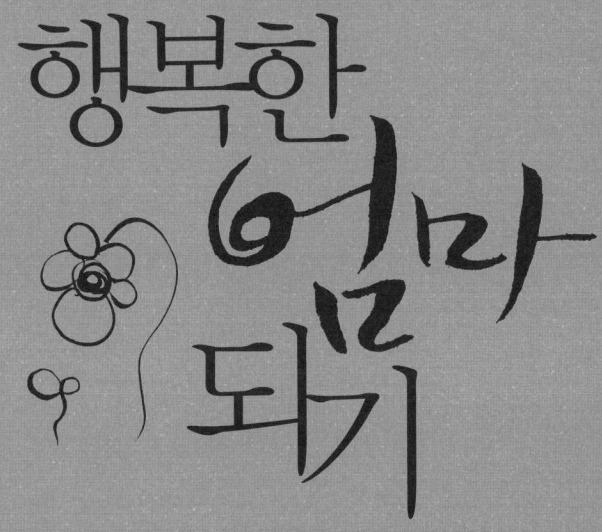

또 아이들은 행복한 부모 밑에서 행복하게 큰다.

아이가 행복하게 자라길 바란다면 우선 행복한 가정을 꾸려야 한다.

그 안에서 아이는 편안하여 뭐든 할 수 있다.

아이를 진정 사랑한다면 행복한 아빠를 주어야 한다.

그러니 아이를 위해서도 성숙한 부부 관계를 유지해야 한다.

참고 인내하며 가정을 아름답게 가꿔야 한다.

자녀를 기르며 자녀로 인해 부모가 울 수는 있어도

자녀가 부모 때문에 눈물짓게 해서는 안 된다.

정 어렵다면 우선 내가 행복해지자. 그래서 평화로운 가운데 아이를 기르자.

내가 행복해야 아이가 행복하다. 아이와 엄마는 딴 몸 한 그루이므로.

'참 행복'에 집중한다

홍원이는 고1 때 학년 회장이 되었다. 홍원이의 중학교 때 선생님께서 축하한다, 부럽다며 전화를 하셨다. 선생님이야말로 자녀들을 모두가 탐내는 최고의 대학에 보내셨는데 뭐가 부럽냐니까, 말도 마란다. 다 어미의 노력으로 만들어 내놓았으니, 앞으로 대학 학점도, 직장도, 결혼도, 삶까지도 챙겨 줘야 할 것을 생각하니 끔찍하시단다. 이 산 넘으면 끝일 줄 알았는데, 첩첩산중에 더욱 높은 산을 계속 만난다는 것이다. 거기다가 아이를 이래라 저래라 끌어다 놓았으니 엄마와 사이도 별로 안 좋다며.

"그러니 홍원이 엄마가 부러워요."

"제가 뭘 한 게 있나요? 선생님들이 다 아이를 잘 키워 주셔서 제가 기쁨을 맛보았지요."

초등학생 때부터 학교에서 살다시피 하며 아이들을 닦달해서 공부 시키는 엄마들이 많다. 물론 아이 사랑하는 마음이 지극하여 그렇게 하는 것일 거다. 학원 찾느라 골몰하고 아이의 일정 짜느라 여념이 없고 자신의 생활은 없이 다 희생하며 아이와 함께 움직인다. 하지만 언제까지 그렇게 아이를 끌고 다닐 것인가. 또 아이를 그렇게 피동적으로 만들어 어쩔 것인가. 그만큼 성공했나 살펴보면 그것도 아니다. 많은 돈과 시간을 들이고 애를 썼는데 정작 아이일 때, 청소년기에, 꼭 누려야 할 추억이나 감동이 없다면 그것을 무엇으로 보상할 수 있을까.

설사 원하는 대로 입시에는 성공을 했다 하더라도 그렇게 부모가 일방적으로 이끈 경우엔 아이와 엄마 사이가 마치 원수 같다. 말끝마다 서로 상대의 탓을 하고 관계가 불편하다. 그런 집은 늘 전쟁터인데 특히 시험 기간에는 시한폭탄을 안고 사는 사람들 같다. 시험 기간 내내, 아이도 엄마도 전전긍긍하고 시험을 치르고 나면 모두 앓아눕는다. 너무나 안타깝다. 단지 학생이 해야 할 일인 공부를 했을 뿐인데 온 가족이 숨죽이도록 힘든 것은 좀 지나쳐 보인다. 좋은 성적을 내는 것보다 더욱 소중한 것은 사는 기쁨을 매 순간 맛보는 것이다.

오래전 우리 동네에 사립초등학교에 다니는 아이가 있었다. 그 엄마는 자신감이 넘쳤다. 아이는 늘 전 과목 백점을 맞아 왔다. 그 집에 들러 보니 1학년 아이의 일과가 새벽 6시부터였다. 아침 등교 전에 책을 읽고 받아쓰기를 하고 갔다. 엄마는 그 아이와 일상을 같이 했다. 아니, 어린 여동생까지 온 가족이 그 아이에게 일정을 맞춰 지냈다. 그런데 고1이 되어서 그 아이는 성적이 떨어지기 시작했다. 그 엄마도 어찌할 바를 몰랐다. 그렇게 일방적으로 먹여 주는 것은 한계가 있다.

어릴 때부터 의욕을 키우지 않고 한쪽으로 이끌면, 어느 순간 아이는 방전된 배터리처럼 무기력해진다. 그런 일방적인 관계를 계속하기란 아이나 어른 누구에게나 힘든 일이다.

넓은 의미에서 교육은 사는 법을 알아 가는 것이다. 처음이 시답지 않아 보여도 아이 스스로 시작하는 게 중요하다. 아이 자신의 힘으로 시작하면 의욕이 샘솟아 알아서 공부한다. 그게 아이와 부모, 그 가족, 사회 모두의 행복을 위해서 가장 좋은 방법이다.

어떤 엄마들은 조급하여 엄마가 진정 해야 할 일, 엄마의 가치와 역할을 알지 못하고 무엇을 가르칠까에만 연연한다. 어떻게 살까 또는 어떻게 행복해지는가엔 관심이 적다. 살면서 인간이 누려야 할

알맹이는 놓친 채 지식만 어린아이의 머릿속에 넣으려고 한다.

또한 많은 부모들이 우리나라 교육 현실을 탓하며 남의 나라로 가 버린다. 우리 아이들이 다녔던 중학교에선 한 학기에 한 반씩 사라졌다. 우리나라에서도 유학생 부럽지 않은 나름대로의 세계를 가꿀 수 있다. 마음만 다르게 먹으면 우리나라 안에서도 얼마든지 아이들이 여유롭게 학창 생활을 즐기고 개성을 키우며 살 수 있다.

분명 우리 공교육에도 문제는 있다. 문제 있는 선생님이 없는 것도 아니다. 하지만 우리 엄마들도 자신의 문제를 생각해 봐야 한다. 학교교육이 불안한 나머지 내 아이만이라도 살리자는 욕심과 경쟁심으로 과도한 사교육 열풍을 만드는 것은 아닌지, 공부하라고 재촉한 것이 거꾸로 다른 아이들을 쓰러뜨리라고 하는 것이 되는 것은 아닌지, 결과적으로 자신의 아이들을 불행하게 만드는 것은 아닌지 생각해 봐야 한다.

우리 아이들이 어렸을 때 날마다 신나게 노는 것을 보고 동네 사람들은 혀를 찼다. 천재다 생각하며 유난 떨지 말고 아이 키우라던 부모님도 온 세상이 조기교육으로 난린데 너무 놀리기만 하는 게 아니냐며 조심스레 물으셨고 걱정하시는 빛이 역력했다.

하지만 내 소신대로 아이를 믿으며 교육 이론대로 실천하며 자연스럽게 길렀다. 많은 엄마들이 옷 살 때 섬유 혼용률 살피고, 좋은 학원 고르느라 시간을 보내는 것처럼 나는 우리 아이의 행복이 무엇일까를 꼼꼼히 살피는 데 시간을 썼다. 아이의 행복이 우선이었기 때문에. 그렇게 하니 엄마도 편하고 아이도 편하여 이 땅에서 천국처럼 잘 지낼 수 있었다.

행복한 가정에서
행복한 아이가 자란다

우리는 학생 부부였다. 둘 다 대학원 3학기. 현실감이 없어 수입이 얼마나 되고 생활비는 얼마나 들지 앞으로 어떻게 살지 계획이 없던 우리의 생활환경은 말이 아니었다. 남편은 어려워도 어른께 손 벌리지 말자고 했고 나도 그러기로 했다. 신혼여행에서 돌아오니 결혼하기 전 밀린 몇 달치 아파트 관리비와 수도료 등 공과금이 최고장과 함께 쌓여 있었다. 그간 대학원 다닌 학비마저 융자한 것이어서 결혼하자 바로 갚아야만 했다. 아파트 융자금도 있었다. 숨 돌릴 만하면 여기저기서 오래전 빚이 쫓아 나왔다. 대학을 졸업한 후부터는 자력갱생했던 모양이다. 이제 어른이 되었으니 이전에 이루어졌던 일이더라도 무조건 우리 둘의 일이다 싶어 그대로 감내했다.

결혼을 하니 남편 친구들이 각자 가지고 있던 우리 집 열쇠를 내놓는데 한 바구니나 되었다. 경상도 집안에서 유교적으로 자란 나는 결혼 전보다 결혼 후 남편의 친구 관계가 더 좋아야 한다는 일념으로 그 친구들을 맞았다. 하지만 매일 집으로 퇴근하는 남편 친구들과 직장 선후배 맞이하기는 가난을 견디는 것보다 더 어려운 일이었다. 어떤 친구는 결혼식 뒤에 우리 집에서 신혼여행을 떠날 정도였다. 지방 출신인 남편과 고속버스 터미널 앞에 살았으니 우리는 아예 문을 열고 오는 손님 다 맞으며 살아야 했다. 시누이와 그 친구들 뒷바라지도 만만찮았다.

처음에는 남편이 좋아 그가 즐거워하는 것 보려고 잘했는데 점점 힘겨워졌다. 누구에게나 열린 집으로 살아온 날들이 쌓이니 쌓아 놓은 게 아까워 또 참고. 그것보다 내게 힘을 주었던 건 내가 선택한 삶, 내가 잘 꾸려 빛나게 해야지 하는 다짐과 각오였다. 어려울 때 잘 살겠다는 결혼 서약을 하지 않았다면 포기할 수도 있었을 거다. 거짓말쟁이가 되지 않으려 참고 또 참았다.

둘째가 태어날 무렵까지 우리는 주변 사람들에 비추어 경제적으로 최저 수준의 생활을 했다. 큰아이는 봄에 태어나 백일에 선물로 받은 옷을 여름내 입다가 가을에는 다시 배내옷을 속에 받치고 누비 원피스 하나를 덧입혀 돌까지 났다. 그래도 티 내지 않았다. 돈 문제로 서로 걱정한 적은 없었다. 대신 돈 없이도 나눌 수 있는 칭찬해 주기, 사랑 표현하기를 찾아 했다. 이런 건 모두 공짜다. 그래서 하루하루 새롭고 일상이 행복했다. 지금도 돈 없이 할 수 있는 것을 무궁무진하게 알고 있고 행하고 있다. 남편의 50돌 축하 카드 만들기 1주일 계획처럼.

경제적으로 여유가 없어 둘이 살림을 꾸리며 어려움을 충분히 맛보았기 때문에, 돈이 조금만 생겨도 감사하고 나눌 준비가 되어 있었다. 언제나 나쁜 경우는 없다. 내가 어떻게 받아들이느냐가 문제다. 우리 가족은 열쇠가 한 바구니나 될 만큼 사람들 왕래가 잦은 열린 집에서 행복을 찾을 수 있었다. 아이들도 이런 집안 분위기 때문에 누구에게나 열린 마음으로 다가가는 심성이 만들어지지 않았을까 한다.

나를 사랑한다,
나를 칭찬한다, 나를 존중한다

주부로 산다는 것은 참으로 어렵다. 가정을 재생산의 공간으로 안락하게 꾸리고 철철이 때마다 음식을 준비하고 아이들을 잘 기르고 집안 대소사를 챙기며 어른 노릇을 해야 한다. 돈을 관리하고 시간을 쪼개 내 발전도 꾀해야 한다. 무슨 일이든 닥치는 대로 잘 해내는 주부들이 참으로 용하다.

우스갯소리로 나는 자주 그런다. 남자가 시집가는 세상이라면 남자들은 다 죽었을 거라고. 적응을 못해서. 여자들이야 남의 집안에 혈혈단신 들어가도 그 집안 살림을 잘 일궈 내고 산다. 나중에는 전권을 손에 쥐기도 한다. 남자들은 남자들대로 사회의 무한 경쟁 궤도에서 쓸모 있는 일원이 되려 어려움을 겪고 있지만 가정에서 보이지 않는 노동에 시달리는 주부들, 대단하다. 할 때는 모르다가 안 하면 당장 표 나는 것이 가사 노동 아닌가.

　모든 엄마들은 상을 받을 자격이 충분하다! 나도 그렇다.

　내가 생각해도 나 자신이 참 용하다. 정말 잘 살아왔다. 사례 발표를 하도록 잘 자란 아이들. 학생 신분으로 만나 대학원 졸업하고 건축가가 된 남편. 그의 졸업논문을 정리해 주고 그가 건축사 시험 볼 때는 내가 삼시 세끼 밥을 챙겼다. 결혼하던 날부터 함께 산 대학 1년 시누이에게도 내 남편에게 대하듯 똑같이 해 주었다. 부른 배 위에 또 한 아이를 안고 한 일들이었다. 소풍 도시락은 물론 시누이 친구들 처소의 커튼까지 해 줘야 했다. 휴가는 항상 시부모님과 형님 댁 조카들과 함께 보냈다. 그런 지난 일들이 떠오르며 15년간 정말 잘 살았구나 하는 생각이 들었다.

　무엇보다 한살림 일은 또 얼마나 잘 해냈는지. 처음 한살림을 할 때에는 사람 수가 적어서 회원이 되자마자 뭐든 다 맡아 했다. 격주로 소식지 만드느라 날밤을 새고 차비, 자료비 등 활동비는 밖에서 강의를 하거나 원고를 써서 충당하며 한살림 일을 했다. 삼시 세끼 바른 밥상을 차리는 운동은 생산자와의 관계를 살펴야 했다. 먹을거리의 터전인 환경을 살리며 누구에게도 누가 되지 않는 삶을 꾸려야 했다. 앉으나 서나 자나 깨나 한살림이었고 나는 잘 해냈다. 점차 내 밥상 잘 차리는 일에서 나아가 이웃의 밥상이 잘 차려지고 있는지 살피는 일을 하자며 결식아동이나 북한 동포, 아프가니스탄 난민 돕기 등에 관한 글들을 쓰고 모금을 했다. 평화는 평화로울 때 지켜야 하는 것을 일깨우려 '수요시위'를 진행하기도 했다. 다른 사람과 모든 자연과의 평화를 꿈꾸며.

장한 내게 뭔가 좋은 선물을 주고 싶었다. 열한 알 진주알이 박힌 브로치가 나의 한살림 운동 10주년을 기념하고 11년을 향해 나아가는 내 모습과 같아 선뜻 내 것으로 만들었다. 내가 내게 상을 준 것이었다.

날마다 노력하고 가꾸어 내 삶이 빛난다면 내가 내게 상을 주자. 일의 의미를 부여하여. 생기가 돌아 훨씬 힘이 날 것이다.

아빠를 존경하면
모두가 행복하다

우리는 아이 키우면서 큰 욕심을 내기보다는 다음 해에는 이것만 좀더 좋아졌으면 하는 바람을 가지고 살았다. 이것을 실천하기 위해 새해를 맞을 때마다 종이에 각자 올해의 목표를 쓰고 그 아래에 서로에게 바라는 점을 한 가지씩 보탰다. 그러면 우리 가족 한 해의 목표가 네 가지인데 서로 도와줘야 하는 것도 있었다. 이를 테면 아빠가 태경이에게 바라는 것은 '친구 많이 사귀기'이고 홍원이가 엄마에게 바라는 것은 '아플 때 더 잘해 주기'였다.

얼마 동안 우리의 한 해 소원은 홍원이가 아빠와 목욕 가는 거였다. 2년을 노력했다. 가능하면 둘이 붙어 지내게 했다. 남편은 육아에는 관심이 없어서, 내가 데려온 자식 부탁하듯 남편에게 아이와 놀아 달라고 사정하고 애원하기도 했다. 남편은 무덤덤한 사람이라 태경이에게도 비슷하게 행동했다. 아이가 피아노를 치면 옆에서 쿡쿡 찔러 주어야 다가가 칭찬 한마디를 겨우 해 줄 정도였다.

홍원이는 바쁜 아빠와 놀지 못하여 엄마 품에만 있어서 그런지 아빠와 단둘이는 아무것도 못했다. 원래 남자아이가 엄마를 더 따른다고 하지만 좀 심했다. 가만 들여다보니 아이의 마음이 이해가 되었다. 엄마와 있는 시간이 많아 엄마가 더 익숙한 데다, 아빠는 몸에서 사무실 친구들에게서 밴 담배 냄새가 나고 수염 때문에 얼굴을 맞대도 깔끄러워 싫겠다 싶었다. 하지만 조급해하지 않았다. 좋아질 텐데 하고 믿었다.

아이가 자라 남자의 세계를 이해하는 것이 필요한 시기가 되자 남편한테 적극적으로 요구했다. 내가 건강하게 길러 놓았으니 이젠 당신이 도와 더 잘 키워 보자고.

대개의 아빠들은 아이와 있는 데 익숙하지 않다. 하지만 아이를 돌본다는 것이 얼마나 행복한 일인가를 알게 되면 자연스레 아이와 함께한다. 억지로 한꺼번에 아이를 맡기지 말고 조금씩 맛보는 수준으로 같이 있게 하면 어느덧 말하지 않아도 아이와 함께하고 싶어한다.

남편도 그랬다. 남편은 네델란드로 1년 간 유학을 가기 전 영국에 두 달을 가 있었다. 그때 그는 영어 공부보다는 육아 공부를 더 많이 한 것 같다. 영국인들이 얼마나 아이들에게 지극한지를 보았던 것이다. 게으름을 있는 대로 피우던 아빠가 그때부터 아이에게 책을 읽어 주고 창작 동화 〈원이 이야기〉를 만들어 날마다 들려주어 재웠다. 갖춰진 내용이 아닌 데다 이야기를 할 때마다 횡설수설해서 아이들이 바로잡아 주어야 진행이 되었지만, 아이들은 아빠의 사랑을 받으며 행복해했다. 이전에는 상상도 할 수 없었던 아빠의 대변신이었다.

아이가 아빠와 친해진 건 3학년 무렵 둘이서 부산 증조부 제사에 다녀온 다음부터였다. 가며 오며 밤새도록 이야기를 한 뒤로 둘은 남다른 사이가 되었고 더 이상 아빠랑 친해져야지 하는 새해 소망은 없어졌다. 또 믿기지 않지만 말을 극도로 아끼는 남편에게 최고의 찬사를 들었다.

"당신, 아이 참 잘 키웠구려!"

아마 아이가 대중교통을 이용하며 인사를 잘했던 모양이다. 남편은 자신이 갖지 않은 장점을 가진 아들을 대견하게 생각했다. 게다가 이제 자신과 말이 통하고 제 의견을 적극 개진하기도 하는 아들의 성장이 뿌듯했던 모양이다.

우리 가족에게 빠질 수 없는 행사는 한살림 행사였다. 그런데 가족이 함께 다니던 그 일에서 어느 때부턴가 아빠가 빠지게 되었다. 아이들이 어릴 땐 남편은 거의 주일마다 생산지 방문 행사에 함께 갔었다. 벼 베기, 가을 논물 빼기, 메뚜기 잡기, 유모차를 끌고 다니며 단오의 그네 타기 등 참여하지 않은 행사가 없었다. 아이들은 흙 속을 헤집고 놀면서 행복해했고 나도 그랬다. 그도 그런 줄 알았다. 생산지에 가서 대자연의 숨결을 느끼고 순박한 우리 생산자를 만나는 기쁨이 나와 같은 줄 알았다.

하지만 그는 날마다 출근하는 사람이니 행사에 가고 오는 길에서 보내는 많은 시간이 휴식이 아니라 노역이겠다는 생각이 들었다. 일주일에 하루쯤은 고요하게 아무에게도 방해받지 않고 종일 햇살 아래 뒹굴며 심신을 쉬게 할 필요가 있다. 그 평화를 즐기는 것도 좋을 텐데…….

그런 생각이 든 후에 남편에게 주말에 혼자 집에 있겠냐니까 기다렸다는 듯이 좋다는 답이 되돌아왔다. 그 후로 나와 아이들은 여름, 겨울 '생명학교'와 거의 모든 생산지 행사에 셋이 다녔다.

어느 날 태경이가 생산지를 방문하며 말했다.

"엄마, 다른 사람들이 우리를 결손가정으로 보겠어요. 아빠는 늘 안 계시니."

"너희들이 어렸을 때는 아빠가 생산지 행사에 같이 가셨었잖아. 지금은 너희들이 컸고 아빠 다른 일도 있고."

"알아요. 그래도 요즘은 우리만 다니니까."

아이들은 당장 아빠 없는 것을 아쉬워했다. 아이들에게 아빠가 하고 계신 일의 중요함과 아빠에게도 휴식의 시간이 필요함을 얘기해 주었다.

남편은 언제나 일을 열심히 했다. 알고 보면 아빠의 일 사랑은 아이들에게 큰 자부심을 갖게 한다. 남편은 직업으로 자신이 가장 하고 싶고 또 잘할 수 있는 일을 택했다. 자다가도 벌떡 일어나 일을 할 정도로 자신의 일을 좋아한다. 누구나 그렇겠지만 그는 그만의 생각이 있다. 남편은 건축물이라는 것은 사람이 들어가 그 안을 채워서 완성하는 것이라고 한다. 그래서 성당은 신자들이 들어가서 기도로 채우는 공간이어야 한다고 한다. 그래서 종교 건물도 외관이 아닌 내용을 중시했다. 소박하고 낮게.

남편은 자신의 일로 아이들에게 감동을 준다. 국립중앙박물관 설계대회에 냈던 작품도 우리는 무척 좋아했다. 우람한 근육질 건물 대신 원래의 공원을 그대로 놔두면서도 건물을 지을 수 있는 안이었다. 둔덕인 용산공원 아래 건물을 두어 마치 고분군을 보는 듯한 느낌이었다.

아빠는 자신이 하고 있는 생각이나 일을 아이들에게 알려 주어 무엇을 하고 있는지 가늠하게 해 주었다. 일이 바쁘면 내가 대신 아이들에게 아빠 근황을 꼭 전해 주었다. 아이들은 이런 아빠를 자랑스러워했으며 새 일을 할 때마다 이번에는 또 어떤 이야기가 있을지 궁금해했다.

아빠와 함께, 또는 따로 있어도 우린 늘 서로를 이해했다.

우리 가족만의
축제를 연다

2005년 11월 5일은 남편의 50번째 생일이었다.

첫돌도 아니고 해마다 찾아오는 생일을 일일이 유난하게 기억할 것은 없으나 50번째여서 50년을 산 남편의 일생을 정리해 보기로 했다. 그래서 아이들과 함께 남편 생일 카드를 만들 계획을 세웠다. 보통 가게에서 파는 그림 카드가 아니라 우리가 아는 아빠의 모든 것을 적은 서사시 같은 두루마리 카드를 만들었다.

계획을 짠 우리는 생일 일주일 전부터 날마다 컴퓨터 앞에서 남편과의 추억을 더듬었다. 혼자 오롯이 앉아 기억해 내기도 했지만 딸, 아들과 같이 앉아서 하는 게 더 재미있었다. 대체로는 너무 웃긴 기억이 많아 배가 아파 우느라 고생을 했다. 눈물이 줄줄 흐르도록 웃어 모니터 안의 글자가 흐려질 때가 한두 번이 아니었다.

우선 맨 위에는 '안명제 님의 50번째 돌을 축하합니다!' 라고 쓰고 바로 밑에 '당신을 세상 어느 누구보다 많이 사랑하는 형숙, 태경, 홍원이가 2005년 11월 5일에 즐겁게 이 글을 씁니다' 라고 덧붙였다. 이어서 남편이 좋아하는 음식, 좋아하는 일, 외모적 특징을 나열했다.

남편은 유쾌한 사람이다. 무슨 내용을 써도 웃음이 배어 나왔다. 좋아하는 음식, '즐겁게 뭐든 언제나 잘 먹음. 단 조금이라도 비린내가 나면 참지 못함. 양은 밥 한 그릇에 딸기 주스를 마시고 또 사과를 포용할 수 있는 배를 소유. 그리고 아이스크림도 환영함.'

남편이 좋아하는 일은 무엇일까? 남편이 이 세상에서 가장 잘하면서 좋아하는 일인 건축 설계 말고 또 무엇이 있나 살폈다. 세상 구경하기, 맛집 탐방, 영화 보기, 노래하기, 게으름 피우기, 먹기, 깨물기, 서성이기, TV 채널 돌리기, 리모컨 껴안고 자기, 강아지 깜깜이와 장난치기 등등. 무궁무진한 남편의 취미에 감탄사가 절로 나왔다.

외모적 특징, 오래도록 봐서 내게 너무나 익숙한 그 모습을 새삼스레 객관적으로 정리하자니 조금 난감했다. 거울로나 보는 내 얼굴보다 더욱 많이 본 얼굴이니까.

주특기는? 남편은 꼭 어린 아기처럼 천진난만하다. 장난기가 발동

되면 못하는 일이 없고 상상력의 한계가 없다. 그래서 그를 떠올리면 웃음이 절로 나는가 보다. 주특기는 장난치기이다. 남이 하품할 때 입에 손가락 넣기, 침대에서 자는 중이라고 해도 예외 없다. 자리에 앉으려고 하면 알 박기 선수다. 길바닥에서 다리 걸기, 멀리 외출했다 들어가면 발소리 듣고 신발과 함께 장롱 속에 숨기, 숨바꼭질할 때 침대 매트리스 들어내고 숨기, 태경이 세탁기 안에 집어넣어 숨겨 주기까지.

또 다른 주특기는 기억력이 전무한 것이다. 그전에 본 영화를 끝까지 생각 안 난다고 우기며 다 보고, 엉뚱한 나무를 보며 삼 년 전에 죽은 나무로 착각하고 잘 산다고 감탄할 정도다. 본인 말로는 창조적 망각을 한다는데 일 이외의 것은 절대로 머리에 담아 두지 않는다.

남편에 대한 첫 기억은? 남편을 처음 본 것이 엊그제 같은데 벌써 20여 년이 지났다. 아이들은 아빠야 자기네 탄생을 기억하겠지만 자신들은 아빠와의 첫 만남을 어떻게 기억하냐고 이의를 달았다. 최초의 기억이 첫 기억 아닌가? 태경이는 수영장에서 아빠 배에 올라타고 있던 기억을, 홍원이는 아빠가 공룡 장난감을 사 주던 기억을 첫 기억으로 떠올렸다가 그것보다 더 오래된 기억을 찾아 추억을 더듬었다. 또한 고마울 때, 장해 보일 때, 우울해 보일 때를 기억했고 각자에게 해 준 말 중에 기억에 남는 말 한 마디를 그 밑에 달았다.

마지막으로 우리의 소망 - 변하지 않는 사랑 + 변함없는 건강 - 을 담아 마무리했다.

카드를 읽는 본인보다는 정작 카드를 쓰던 우리가 더욱 즐겁고 행복했다. 사랑받기보다는 사랑하는 것이 더 기쁘다는 의미를 알 듯한 행복한 시간이었다.

추억이 쌓이면 행복이 쌓인다

내게 가장 소중한 것은 무엇일까? 아이들이 가장 소중해하는 것은 무엇일까? 그런 것은 단번에 만들어진 것이나 돈으로 산 것이 아니다. 오랜 시간 함께한 추억이 묻어난 것들이다. 그래서 서로에게 소중하다. 아이들의 사소한 물건을 모아 두면 오래도록 추억할 수 있어서 좋다. 아이들에게는 엄마의 정성이 담긴 물건을 만들어 주어 엄마를 추억하게 하면 좋다.

▶ **아이들 박물관을 만든다** ‧‧‧‧‧‧‧‧‧‧‧‧‧

우리 집에는 아이들 박물관이 있다. 5년 전 나를 무던히도 좋아하시던 아래층 할머니께서 이사하시며, 소나무로 만든 오래된 2층 농을 하나 주고 가셨다. 거기 한 층에 태경이의 모든 것, 또 한 층엔 홍원이의 물건을 넣었다.

처음에는 작은 종이 상자에 아이들 물품을 보관했다. 어린아이들이 여린 손으로 만든 것들은 다 갖고 있고 싶었다. 그것들을 모아 간직하고 또 아이들이 입고 신었던 그 앙증맞은 옷, 신발들까지. 하지만 곧 마음을 비웠다. 다른 사람이 필요로 하거나 쓸모 있는 것은 다 주었다. 배내옷도 내주고 오래도록 간직하고 싶었던 예쁜 비단신마저도 친구 아이에게 미련 없이 주었다. 그 신발은 타이완에 유학 중이던 대학 동창이 사 보낸 것이었고 너무나 예뻐 보고 있노라면 황홀할 지경이었다. 하지만 나와 비슷한 시기에 몸을 푼 이웃이 약한 자기 딸에게 건강한 태경이가 신던 것을 물려 달라는 말에 토를 달 수 없었다.

아이들 박물관은 남에게는 아무 쓸모도 없는 것들로만 채워졌다. 임신 기록 책, 신생아 탄생 팔찌, 성적표, 어버이날 카드, 카네이션, 각종 그림과 일기, 상장들, 행사 참가증 등이다.

처음엔 멋모르고 아이들의 낙서 조각도 소중하여 다 모았으나 양이 만만치 않았다. 아이가 자라나는 과정을 볼 수 있던 그림 조각들은 매번 탄성이 나도록 감탄스러웠으나 매해 조금씩 정리를 해서 꼭 필요한 것만 모았다. 우선 아이가 새로운 그림을 그리면 거실 한쪽

고가구 위에 일주일간 전시했다. 전시 기간이 끝나면 박물관에 보관했다. 상장도 마찬가지였다. 그랬더니 온 집에 그림이 나붙지 않아 집 안은 집 안대로 정갈하고, 아이들은 아이들대로 자기 작품을 거는 특별한 공간이 생겨 아주 좋아했다.

태경이 박물관에는 자기가 쓴 동화를 비롯한 여러 글이 한 뭉치 들어 있다. 연극 공연 팸플릿, 포스터, 각종 국제 행사 참가증, 내가 만들어 입혔던 특별한 아기옷 한 벌 등도 있고 행사 때마다 각 나라 친구들과 나눈 패치들, 기념품들도 있다.

홍원이 것에는 다 삭아 버린 수영복, 제 아빠 군대 계급장을 붙여 쓰고 다니던 모자, 태권도복 위에 두르던 색깔별 띠들, 전국체전 육상복과 모자, 닳아 버린 육상화, 축구화와 육상 대회 번호표가 들어 있다. 국토 순례 일정표와 목걸이, 모자, 학생회장 선거 포스터와 공약문 등도 들어 있다.

어찌 이 많은 것을 다 해냈을까? 아이의 짧은 일생이 벌써 많은 것을 남겨 놓았다.

사람은 누구나 자기가 한 일, 자신과 관계된 일에는 다 의미를 둔다. 특히나 아이들은 더하다. 세계가 좁으니 더욱 그런 거다. 그걸 엄마가 귀히 여기고 챙겨 주면 아이는 스스로 자부심을 갖게 된다. '우리 엄마가 나를 이리 소중히 여기는구나' 알게 된다. 누가 소중히 대해 주지 않아도 집에서 이런 소중한 대접을 받아 본 아이라면 어떤 상황에서건 자신을 지킬 수 있다. 쉬이 자존심이 상하지 않는다.

▶ **앨범 이불을 만든다** ·············

물건이 넘쳐 나는 요즈음이다. 아쉬운 것도 없고 별난 것도 없다. 나는 아이들에게 꼭 필요하거나 남다른 무엇을 선물하고 싶었다. 이 세상에 단 하나뿐이며 의미 있고 쓸모도 있는 무엇, 앨범 이불과 휴대용 반짇고리를 만들었다.

앨범 이불은 동네 한살림 가족끼리 만든 지역 모임에서 탄생했다. 모임 사람들은 아이 낳고 키우느라 못 입은, 결혼 초에 입던 아까운 옷들을 새로 꾸미고 한복 자투리 천을 모아 조각보를 만들고 헌 옷에 수를 놓거나 구슬을 달아 새 옷을 만들었다. 이 세상에 하나밖에 없는 옷이 만들어지자 좋아들 했다. 천을 각자 한 가지씩만 가져와도 펼쳐 놓으면 뭐든 만들 수 있게 종류가 많았다.

나는 거기서 착안하여 그간 집에 돌아다니던 천을 모아 조각 이불을 만들었다. 멀쩡한 천을 잘라 이어 붙이는 것이 아니라 우리 조상들이 해 오셨던 대로 볼품없는 천 조각을 이어 붙여서 만드는 친환경적인 조각 이불이었다. 할머니와 태경이의 꽃무늬 원피스 천, 침대보와 커튼과 아이 잠옷을 만들었던 천 조각도 있었다. 그 천으로 아이의 일생을 그림처럼 보여 주는 앨범 같은 조각 이불을 만들었다. 마무리를 하며 밑단에 글씨를 썼다.

'17년간 네 곁에 있던 조각 천을 모아 2001년 5월 23일부터 6월 18일까지 사랑하는 딸 태경이를 위해 엄마가 만들고 썼다.'

그 무렵 아들에게도 좋은 무엇이 있을까 생각했다. 학교 공개수업 때 보니까 휴대용 반짇고리가 요긴할 것 같았다. 아이들은 실과 시간에 바느질 공부를 하느라 반짇고리를 가져갔다. 찬찬히 살펴보니 모양 좋은 것도 있었지만 대부분이 종이로 만든 조악한 것이거나 작은 실패 따위를 들고 온 것이었다. 그냥 실과 바늘 그리고 가위를 따로 가져온 것보다야 낫지만 쓰기에 불편해 보였다.

그래도 좀 나은 것은 집에서 쓰는 커다란 반짇고리다. 그런데 학교까지 오는 동안 내용물이 뒤섞여서 엉망이 되기 일쑤였다. 홍원이의 색 한지 반짇고리도 역시 좁은 책상에 올리기엔 너무 컸다.

가위와 색실도 넣을 수 있으며 쓰기도 편리하고 모양도 좋은 것을 만들어 보자 생각했다. 모임에서 광목 작업을 많이 했는데 그때 쓰던 광목 자투리와 조각 꽃무늬 천을 가지고 휴대용 반짇고리를 만들었다.

바느질 잘하는 '왕 꼼꼼이' 홍원이에게 줄 근사한 선물이 되었다. 우선 광목을 원형 경기장 트랙 같은 모양으로 두 장 자르고 그 배색이 될 만한 꽃무늬 천을 한 장 준비한다. 속에 넣을 퀼트 솜 약간과 꽃무늬 바이어스 천을 그 경기장 돌릴 만큼의 넓이로 준비하고 단추 한 개도 준비했다.

　재료를 이어 붙여 만들고는 겉에다 수를 놓았다. 내가 좋아하는 보라색으로 들꽃을 수놓고 이름도 써 넣었다. 세상에서 하나밖에 없는 아들을 위한 실과 시간용 반짇고리였다.

　새로 산 것은 하나도 없이, 자투리로 이어 붙여 아이들에게 요긴한 물건을 만들어 주었다. 천 가지, 만 가지의 상품과 엄마의 정성이 깃든 물건을 어떻게 견줄 수 있을까.

아침은 늘 웃으며 맞는다

우리 집 아침은 웃음으로 시작한다. 나는 내 몸보다 귀한 아이들이 오늘도 상쾌하게 눈뜨길 바란다. 그래서 아이들이 고교를 마칠 때까지 야채 주스를 만들고는 아이들 방에 가서 귓속말을 하며 살포시 깨웠다.

"태야, 우리 아가 일어나라."

참 신기하게도 처녀가 다 된 태경이에게 아직 내게 처음 다가왔던 그 작은 생명체의 모습이 담겨 있다. 향기로운 냄새며 볼통한 턱이 곱기도 하다.

"잘 잤어?"

아이는 푸근한 미소를 띤다.

"엄~마, 5분만……."

동생하고 나누는 말을 들으니 아침에 눈뜰 때 이불 속에서 게으름을 피우는 맛이 기막히다고 한다. 아마 그걸 누리려나 보다.

홍원이 방에 가서도 아이를 깨운다.

"일어나자, 우리 홍원이. 잘 잤어?"

"으~응……."

홍원이는 웃으며 꼭 내게 뽀뽀를 한다.

다 큰 총각이지만 여전히 아기 때 젖먹이의 그 모습이 남아 있다. 팔을 위로 젖혀 기지개를 켜게 하며 깨운다. 누나처럼 역시 5분의 여운을 즐기려는 홍원이.

'날마다 건강하게 눈뜨는 아이들, 어찌 아니 고마운가. 여기서 무엇을 더 바랄까.'

아이들의 아침을 깨우며 갖는 마음은 명상 자체다. 아이들 등교를 위한 소란스러운 깨움이 아니라 엄마의 아침 놀이다. 그래서 나는 깨우는 시간은 최대한 따뜻한 마음을 담아 즐겼다.

아침밥을 챙겨 먹는 다른 가족과는 달리 홍원이는 고2가 되자 20분이나 빨라진 등교 시간을 맞추느라 밥은 뒷전이고 학교로 내달리기 바빴다. 날마다 그러니 하루는 안 되겠다 싶어 "홍원아, 양말 신겨 줄게. 그동안만 밥 먹어" 하며 식탁 밑에 들어가 다 큰 아들 양말을 신겼다. 그 조그맣던 발이 이렇게나 컸다. 발을 만지며 양말을 신기니 아이는 짧은 시간이나마 밥을 먹고 갔다.

감회가 새로웠다. 11년 전 일곱 살이던 아들은 양말을 가져와 내게 툭 던지고 발끝을 세우며 그랬다.

"자, 양말."

"왜, 너 혼자 신을 수 있잖아?"

"아빠는 신겨 주면서?"

밥 안 먹고 출근하는 남편에게 양말 신기는 동안만 밥 먹고 가라며 시작한 일이 일상이 되어 줄곧 하고 있었다. 그건 내게 하루의 명상과도 같은 시간이었다. 내 소중한 그이의 하루를 지탱해 주는 고마운 발……. 건강을 기원하고 건강함에 감사하고.

"아빠는 아내가 있잖아?"

"치!"

아들은 포기하고 스스로 제 양말을 신었다. 혹여나 훗날 아내가 양말 안 신겨 준다고 사네 못 사네 할까 봐 "네가 네 아내를 무척 사랑하면 네가 신겨 줄 수도 있고 또 아내가 네게 신겨 줄 수도 있어. 다른 사랑 방법도 있고……" 하며 미래의 부부 교육도 했다. 그렇게 11년이 지난 지금 새삼 양말을 신기고 있자니 기억이 새로웠다. 며칠 뒤 아이에게 말했다.

"네가 어려서는 엄마가 살아야 네가 사니 내가 네 우주였는데, 이제 네가 자라고 보니 네가 내 우주가 되었어. 네가 살아야 내가 산단다. 그러니 내 우주인 네가 밥을 거르면 내 배도 고프단다."

대꾸가 없더니 다음 날부터는 아침에 더 서둘러 일어나 밥을 먹고 다녔다. 훗날 내 생일 카드에 '소녀 엄마께'라고 하며 '그래도 아직 엄마는 제 우주예요'라고 썼다.

부모와 완전한 신뢰와 사랑을 주고받는 아이들은 삶이 평온할 수밖에 없다. 부모의 사랑을 의심하고 계산하는 일은 없다. 에너지가 허투루 새지 않으니 뭐든 할 수 있다. 힘이 넘친다.

감사할 줄 아는 아이는
엄마를 최고로 행복하게 해 준다

사람은 누구나 살아가면서 인정받고 칭찬받으면 더욱 힘이 나고 살 맛 나기 마련이다. 남에게 감사하는 마음, 남을 배려하는 마음이 갸륵하다. 부모에게 감사할 줄 아는 아이는 세상 모든 것에 감사한다.

▶ **엄마, 고마워요!**

태경이는 고맙다는 말을 자주한다. 과일 한 쪽을 책상에 가져다 줘도, 밥상을 차려 줘도, 일상적인 용돈을 줘도 그랬고, 중고교 시절 아침에 도시락을 받을 때마다 고맙다는 인사를 잊지 않았다. 과일을 깎고 있으면 저 먼저 먹지 않고 깎는 사람 못 먹는다면서 꼭 내 입에 먼저 넣어 준다. 엄마가 당연히 해야 하는 일을 하는데도 늘 그런다.

오히려 내가 언제나 고맙다. 선생님들마다 태경이야 그냥 두기만 하면 된다나. 나는 어디를 가도 아이들 칭찬을 배부르게 듣고 온다. 이렇게 나무랄 데 없이 잘 자라니 내가 고맙지.

동생과도 지극히 잘 지내고. 동생은 엄마 아이니 엄마가 보살핀다며 제 인생만 잘 살아도 된다고 했는데 언제나 동생을 보살핀다. 필요한 것은 동생에게 배우기도 하며. 아이들을 날마다 보는 아빠도 "우째 이리 사이가 좋나" 하며 감탄한다. 우리 부부는 아이들을 보며 더 바랄 것 없어 항상 고맙고 감사하게 생각하며 산다.

하루는 바지 사러 가며 같이 길을 걷는데 고1 딸이 그런다.

"엄마, 엄마 덕분에 제가 잘 큰 것 같아요."

"그래?"

"이렇게 더운 날 엄마랑 팔짱 끼고 가는 건 좋지만 엄마 말처럼 매달리듯 끼고 가면 안 될 것 같아요. 정말 덥고 끈끈하거든요. 엄마가 팔짱을 적당히 끼라든지 힘을 싣지 말라든지 하는 것을 가르쳐 주어서 친구들에게 매달리지 않고 걸어요."

"그렇구나."

"또 있어요. 입은 꼭 다물고 있으라고, 입을 아 벌리고 있으면 생각이 없는 것처럼 보인다고 하셨잖아요. 내게 이런 섬세한 부분을 가르쳐 준 엄마가 계셔서 고맙다는 생각을 하지요."

"고맙구나. 그런 오래된 것들을 기억해 내 엄마를 칭찬하니."

사실 이제 컸다고 엄마를 가르친다. 이렇게 하세요. 저렇게 하세요. 꾸부정하게 앉아 컴퓨터를 하고 있으면 꼭 들여다보고 내 등을 펴 주고 지나간다. 어디 가서 제 자랑을 좀 하려 하면 손끝으로 톡톡 친다. 그러지 말라고. 길 가다 거울이 나타나면 나도 모르게 다가가서 옷매무새를 고치는데 그것도 못하게 한다. 팔을 당기며 '엄마아' 한다.

"왜 뭐가 어때서."

"살짝 보세요. 머물지 말고."

같이 걷다가 거울을 흘끗 보고 지나치면

"그래요. 그렇게 해요."

한다. 나는 이제 아이 시집살이를 할 모양이다. 그런데 그것이 얼마나 곱고 부드럽고 공손한지 그 잔소리를 들으면 오히려 행복해진다.

내 아이가 내 말을 들어주었듯이 나도 아이 말을 들어야겠다. 이제 뭐든 몸에 사고가 나면 그 병명은 모두 노인성 질환이다. 눈이 침침하다든지 무릎이 아프면 좀 우아하게 퇴행성 어쩌구 하지만 그것은 모두 우리말로 하면 늙었다는 말 아닌가. 그러니 고분고분하게 아이 말을 들어 나도 입 벌리고 있는 노인이 되지 않을 준비를 해야 하나 보다. 그래서 훗날 십수 년이 지난 다음 내 아이에게 '네가 가르쳐 줘서 내가 우아한 노인이 되었다'고 말할 수 있을지.

잘 자라 줘서 고맙다, 태경아.

▶ **엄마, 충분해요!** ・・・・・・・・・・・・

셔츠 한 장을 다려 줘도 '땡큐' 하며 받아 입는 홍원이는 밥을 먹으며 그런다.

"엄마, 생선이 정말 맛있어. 난 어렸을 때 엄마가 늘 발라 먹여 줘서 이 맛을 알기 때문에 귀찮아도 발라 먹어요."

홍원이는 중학교 때 생물을 너무 재미있어했다. 한번은 학교에서 한 여선생님을 만났는데 내가 홍원이 엄마라고 하니까 "홍원인 제 이상형이에요" 하신다. 수업에 엄청나게 열중하는 아이가 무척 고와 보였던 모양이다.

홍원이는 어린 시절 엄마 따라 생선 가게를 구경한 덕에 생물을 잘하게 된 것 같다고 자주 말했다. 엄마와 함께한 일상적인 경험들이 공부하기 좋은 바탕이 되었다며 인사하고 고마워했다.

6학년 때 내 목까지 오던 아이의 키가 점점 자라 내가 그 아이 목에 이르자 무슨 짐이든 키 작은 엄마 들지 말라며 제가 다 들고 누나의 경호원 노릇까지도 해냈다. 이제는 어디라도 갈라면 차로 모시겠다고 나선다.

초, 중학교에 이어 고교에서도 학생회장이 되자 축하한다고 하니 이런다.

"엄마가 착하게 살아 내가 복을 받아요."

"아이고 황홀해라. 너 엄마 듣기 좋으라고 하는 말이지?"

"응."

고2 총각이 엄마에게 이런 말로 애교를 부린다. 무엇이 부러우랴.

어느 일요일에 가족이 여유롭게 휴일을 보낸 적이 있다. 맛있는 것도 먹고 창경궁에서 종묘까지 고궁을 걸으며 종묘사직에 대해 이야기도 나누었다. 영화도 한 편 보고 늦게야 집으로 돌아왔다. 그 길에 내가 다리 아프다니까 장난기가 발동하여 못 들은 체 앞서 걷는 아빠 대신 홍원이가 얼른 나를 업었다. 한참 신나는 듯 아빠 뒤를 따라 뛰었다. 얼마 지나지 않아 "책에 보면 엄마를 업으니 너무 가벼워서 눈물이 줄줄 흐른다는데 나는 지금 너무 무거워 땀이 줄줄 흐른다"며 이게 어찌된 건가 너스레를 떨어 우리를 웃긴 적도 있다.

아이들이 자라자 둘이서 의지하고 잘 살아가겠구나 안심이 되어 "너희들이 잘 자라서 아주 좋아. 엄마 마음이 아주 편해" 했더니 "앞으로 10년 후엔 효도할 텐데 그건 안 받고 가시려고요?" 한다.

냉큼냉큼 맞받아치지 못하는 말이 없다. 다 날 행복하게 하는 말로.

올 1월, 만들 때부터 정성을 쏟았던 한살림 여성 생산자 연수회가 10주년을 맞았다. 거기서 기념 강연을 하게 되었는데 아산까지 아들이 차로 데려다 주었다. 처음 한살림 운동을 시작할 때 두 돌이었던 어린 아기가 다 큰 청년이 되어 엄마를 모시는 나이가 되었다. 함께 가며 이 말 저 말 하다가 내가 그랬다.

"너희들 기르며 아쉬웠던 게 있어. 너희에게 많은 시간을 못 내서. 네덜란드 어 좋아하는 태경이 외대에 데리고 다니지 못한 것, 지극히 철학적이던 아이를 철학 연구소 보내 주지 못한 것. 너희들에게 다양한 요리를 해 주며 기르지 못한 것."

"에, 누나는 지금도 철학적이라 독특한데 더 심해지라고? 인도에서는요, 16살이 되면 범죄를 저질러도 부모나 형제 탓 않는대요. 우리 다 컸어요. 우린 잘 살았고 충분히 보살핌 받았어요."

"그래?"

"엄마! 충분해요."

달콤한 육아, 편안한 교육, 행복한 삶을 함께 나눈다

2006년 9월부터 서울 계동의 작은 한옥에서 '엄마학교'를 열기로 했다. 아이 기르는 것이 두렵고 싫어 아이 낳기를 꺼리고, 기르는 동안에도 꿀맛 같은 육아의 기쁨은 느끼지 못한 채 두려움에만 떠는 엄마들, 편안해야 할 교육이 혼란스럽기만 한 엄마들을 위해 엄마학교를 만들었다. 다 같이 달콤한 육아, 편안한 교육, 행복한 삶을 누릴 수 있도록.

이 세상에는 공부 잘하는 아이도 잘 노는 아이도 운동 잘하는 아이도 리더십이 뛰어난 아이도 많다. 하지만 그것을 골고루 다 잘하는 아이는 드물다. 그것도 일상을 즐기면서 가족 모두와 소통하는 아이는 더더욱 드물다. 나는 복 많게도 그런 아이와 살았다. 그저 오늘을 충실히 살았더니 그리 되었다. 그런 방법을 여러 엄마들과 나누고 싶다.

아이들이 잘 자라는 것을 지켜본 분들의 요청으로 1999년부터 시작된 자녀 교육 강의가 이제는 자리를 잡아 여기까지 오게 되었다. 아이들 덕에 방송 매체와 여러 단체 강연장에서 육아, 교육, 인생 강의를 해 온 것이다. 그것은 내가 특별한 사람이어서 한 일은 결코 아니다. 학식도 돈도 필요하지 않고, 좋은 엄마가 되려는 마음만 있으면 누구나 할 수 있는 것이다.

강의를 하다 보면 많은 엄마들이 아이와의 단절에 고통스러워하고, 흐느낄 때가 많다. 어떨 때는 마치 무슨 부흥회처럼 눈물바다가 되기도 했다. 여러 방송 강의 중에도 그랬다. 대개의 방청객들은 누가 무슨 내용을 말할지 모른 채 출연료 받으러 오는 이들인데도 교육에는 관심이 많은 분들이라 그랬다. 아이를 사랑하는 마음이 간절한 이들이라 그랬다. 카메라 앞에서라고 다르지 않았다.

누구나 다 아이를 잘 기르고 싶어한다. 아이들이 성공하길 바라고 자신보다 나은 삶을 살길 바란다. 욕심이 앞서다 보니 다급해져서 때론 아이들을 함부로 대하게 되고 그런 다음엔 회한으로 눈물짓는

다. 저마다 교육열로 무한 질주를 하니 그 가운데서 불안할 수밖에 없다. 나는 그런 엄마들에게 도움을 주고 싶다.

살펴보면 요가, 노래, 바느질, 그림, 도예 교실은 있어도 엄마학교는 없다. 학교에서도 육아만 가르치지 엄마가 가져야 할 마음가짐은 가르치지 않는다.

밥 짓는 법을 배우는 것처럼 엄마 되는 법도 배워야 한다. 엄마 되는 법을 익혀 훈련이 되면 아이 기르기가 수월해진다. 아이를 보는 눈이 달라져서 아이랑 있는 것만으로도 행복해진다. 육아가 식은 죽 먹기처럼 쉬워지고 교육이 편안해진다.

엄마라면 누구나 세수하듯 마음 닦는 연습을 해야 한다. 엄마들은 왜 마음먹은 일이 뜻한 대로 잘 안 되는지 궁금해한다. 결과를 끈기 있게 기다리고 마음을 자주 닦아야 한다. 세수는 아침에도 저녁에도 하면서 엄마 마음 닦기는 한 번으로 완성되길 바란다. 마음도 자리가 잡힐 때까지 자주 닦아야 한다. 온전히 자신의 것이 되면 더는 닦지 않아도 된다.

엄마학교에서는 글로 다 못한 아이 기르는 지혜를 시시콜콜 소개하려 한다. 이론이나 남의 이야기가 아닌 내가 내 아이와 지낸 세월

동안 배우고 터득한 것들이다. 내 주변 지인들에게 도움을 주었던 내용이다.

이제 엄마학교에서 많은 엄마들의 하소연을 듣고 육아와 교육 문제들을 풀어낼 거다. 엄마 되는 법을 익혀 엄마도 행복하고 아이도 행복해지는 방법을 함께 찾았으면 한다.

닫는글

생각보다 쉬운 엄마 노릇

친한 후배가 자기는 엄마 될 준비가 안 되었는데 엄마가 되어서 아이들을 불행하게 키우고 자기도 불행하다고 했다. 내가 보기에는 어느 부모 못지않게 똑똑할 뿐만 아니라 아이들에 대한 애정이 많은 친구인데 그런 생각을 한다. 하긴 어느 부모가 자식을 기르며 고민하고 후회하지 않는가. 나 역시 나쁜 일이 생기기만 하면 다 내 탓으로 돌리고 한탄한다.

얼마 전 한 유명 인사를 만났을 때, 그는 다른 아이들의 엄마가 뭐 하는 사람인지 그다지 궁금한 적이 없었는데 태경이를 키운 엄마는 누군지 너무 궁금해서 7년 전부터 내내 내가 보고 싶었다고 했다.

'도대체 이렇게 아름다운 아이를 키운 어머니는 어떤 분일까?' 하고. 만나자마자 내게 다짜고짜 물었다.

"태경이 어머니의 어머니는 어떤 분이세요?"

"좋은 분이셨지요. 하지만 내가 싫은 일은 남에게 하지 말라 해서 나는 그것 지키면서 사는 게 얼마나 고되었던지. 그리고 우리 엄마는 엄한 편이었어요. 그게 아쉬웠어요. 해서 저는 무조건 아이 편이 되어 따뜻한 엄마가 되려고 애썼지요. 남을 괴롭히는 나쁜 짓은 절대 못하게 했지만."

"내가 엄마가 된다면 태경이 어머니께 엄마 되는 법을 배우고 싶었어요. 아이를 태경이처럼 키우게."

"사실 엄마 되는 것 두려워하지 않아도 돼요. 우리 엄마는 좋은 점이 많았지만 저러지 말았으면 하는 면도 있었어요. 나는 내 엄마와 다르게 아이를 키우려 했지요. 그래도 나 역시 그릇된 가르침이 많을 거예요. 우리 아이는 그것을 극복하고 또 자기 아이를 키우겠지요. 그래서 나는 아이 키우는 불안이 남보다 덜했던 것 같아요. 반면교사도 좋은 공부 방법이니까. 아이를 사랑하는 기본만 있으면 잘 키우지 않나요? 사실 키우는 게 아니고 잘 자라도록 지켜봐 주는 게 부모의 역할이에요."

감사하다는 말만 하는 태경이와 다르게 홍원이는 어렸을 때 간혹 내 의견에 이의를 다는데, 버릇이 좀 없다 싶으면 옆에 있던 아빠는 그랬다.

"홍원아, 훌륭한 사람에게는 항상 훌륭한 어머니가 계시다. 너 엄마 말씀 잘 들어야 훌륭하게 된다."

우리 아이들은 아빠를 더 많이 닮았다. 단호하고 겸손하며 똑똑하다. 남편은 사람이 좋아 주위에 친구와 선후배가 가득하다. 확실히 체력도 아빠를 더 닮은 것 같다. 나를 좀 닮았다면 감성적인 부분과 앞장서는 부분이랄까. 아빠는 어디서도 소리 없이 제 할 일을 하는 반면 지금의 나는 좀 나서는 편이다. 시민운동을 하는 입장이니 그럴 수밖에 없지만. 그리고 강의를 하다 보면 우리 아이들이 어떻게 자랐는지 자꾸 궁금해하고 묻는 사람이 많아져 답변을 하다 보니 자랑 아닌 자랑을 하게도 되었고 말도 많아졌다.

그런데 우리 아이들은 그렇지 않다. 제가 하고도 제 낯을 내지 않는 아이들이다. 내가 엄마 노릇이 그리 두려운 게 아니라고 생각하는 것은 아이가 나를 따라 그대로 하지 않기 때문이다. 내가 우리 엄마가 하던 대로 하지 않은 것처럼.

아이는 제 부모를 보고 크지만 그보다 더 나아진다. 아이를 부모 혼자 키우는 게 아니기 때문이다. 어려서는 엄마가 키우지만 자라서는 아빠도 키우고 주변의 좋은 선생님, 다른 어른들, 친구와 책을 만나면서 아이는 자란다.

아이에 맞게 적절한 때마다 엄마가 꾀를 내고 모범을 보이면 아이는 뭐든 잘 따라 한다. 끊임없이 사랑하고 칭찬하면 아이는 절로 큰다. 간혹 아이에게 너무 볼썽사납게 삐져나오는 부분이 있으면, 엄마가 잘 알아듣게 타일러 주면 된다. 그 참견도 어린 시절 잠시 잠깐이면 된다. 좀 자라면 부모와 아이가 동등한 관계가 되고 시간이 지나면 아이가 어느새 스승이 되기도 한다.

아이들은 절로 큰다.